The Complete Book
of
Moon
Spells

Rituals, Practices, and Potions for Abundance

月相魔法全書

愛情、金錢、健康、成功
29天向月亮下訂單

麥可·賀克 Michael Herkes 著　　范章庭 譯

獻給月神的子民：
願你綻放豐盛光輝！

目錄

第二部　祈求豐盛的月亮魔咒

帶領你踏上魔法旅程

　　我走進巫術世界的原因，跟多數人一樣——施咒、主宰自己的人生，並改變我的生活。我探索巫術與魔法的時候，正值有許多煩惱痛苦的兒少時期。當時，女巫和神祕學深深吸引著我，電視節目和電影開始出現巫術的劇情時，內心對巫術的渴望也就自然浮現了。這種渴望引領我去研究並練習巫術，也了解到巫師的生活其實不像好萊塢電影演得那樣膚淺。在真實的巫術世界中，咒術沒有那麼奇幻，反而更貼近生活。咒術實際上跟祈禱一樣，聚焦於能量的源頭後，加強吸引力法則的效果。這些能量源頭有許多種，像是蠟燭、色彩、水晶、藥草，甚至是時辰——例如月相。

　　回顧童年，我深受黑夜中照耀在我身上的月光吸引。我當時相信月亮是活生生的意識，並感覺到月亮如同守護者一樣照看著我。滿月的夜晚，我會仰望月亮，從表面的隕石坑洞與反射的月光中，凝望月球表面的臉龐。站在明亮的月光下，我會跟它對話，傾訴心裡話，撫慰我的心靈。如今我已是精通魔法的巫師，現在月亮在我心中有舉足輕重的地位。月亮不僅是迷人而已，它更散發著魔力和獨特魅力，它

更是豐盛的管道。

豐盛常跟金錢富足和物質成功混為一談。魔法般的豐盛其實更深更廣，它來自於身、心、靈三者的交織。它是你顯化目標和渴望，並真正將魔法融入生活後，從心中綻放出來的喜悅。有很多方法都可以達成這樣的目標，但月亮一直是強大的能量源頭，並且適合所有人，無論你是巫師還是普通人都一樣，月亮幫助你吸引來自宇宙的祝福。

我實踐和操練巫術將近二十年了，而月亮仍舊是我在施咒時的主要能量源頭，也是啟發我的神聖源頭。本書會特別著墨於月相週期、民俗傳說、月亮學說，並列出許多讓讀者實際操練的儀式，從許下心願到取得平衡，最終吸引我所說的豐盛富足。本書第一部是第二部的奠基石，第二部則是列舉在愛情、金錢、健康、成功、幸福等領域的咒術和魔法技巧。不像許多談論月亮魔法的書籍，本書的咒術和儀式，會根據月亮的八種月相分類對應，針對不同的願望和反思，提供更多元的魔法實作。無論你是魔法界的新手或老手，也不論你想透過巫術來得到哪種形式的豐盛，你都會在閱讀中有所收穫，讓你在生活中接收無限流動的豐盛。因此，拿起你的掃帚，讓我帶領你踏上魔法旅程，飛往月球吧！

第一部

實踐月亮魔法

歡迎來到月亮魔咒全書的第一部分！

我們會從這裡開始探究月亮的神祕之處。

第一章會解釋「原因」，並介紹月亮魔法。

我們會談及月亮的歷史淵源，

以及古老的信仰何以進展成當代的月亮魔法儀式，

並介紹月亮與顯化豐盛之間的整體關係。

第二章會討論「方法」，

協助你打造月亮魔法的環境氛圍，以便運作月亮的魔力。

本章會介紹許多依據不同月相而施咒的方法，

同時也探討月亮魔法中許多的儀式習慣與工具材料。

第 1 章

運用月亮的魔力

千百年來，月亮一直是迷人的球體。

世界各地的古文明都會舉行慶典敬拜月亮，

因為古人發現月亮會影響心智情緒和人類生活。

隨著時代演進，我們研究月亮，甚至踏上月球表面漫步。

時至今日，我們仍舊在觀察月亮的美麗外貌：

多數曆法都會囊括月相變化，

智慧型手機上有許多月亮的應用程式，

在社群媒體上搜尋月亮魔法的主題標籤（#moonmagic），

也會出現成千上百則相關貼文。

隨著新時代的靈性潮流、新異教、巫術、威卡教興起，

月亮在當代已經有了新的意義，

月亮是顯化、轉化和豐盛的能量源頭。

不過，你無須先歸類自己是魔法世界的一員，

因為每個人都能從月亮的豐盛魔力中受益。

所以，在我們進入有趣的內容之前，

讓我們了解月亮魔法是如何發展的吧。

月亮魔法的略史

　　月亮一直被視爲豐盛能量來源，然而自古以來有許多文化也視之爲智慧、生育、重生、魔法的象徵。我們的祖先凝望夜空時都會驚嘆不已，因爲這個夜晚的星體會變化形象，不像太陽一直都是圓的，一直綻放萬丈光芒。他們最終學會利用月相來測量時間，記錄月經週期，並預測天氣。他們甚至會將月亮視爲神祇，舉行慶典來敬拜。

　　雖然月亮現今多與陰性特質和女神信仰有關，古文明起初是將月亮視爲男性。第一筆紀錄起源自公元前三千五百年的蘇美文明，一直到公元兩百五十年的敘利亞都有這樣的敬神紀錄。當時，最初且最爲知名的月神叫做南納（Nanna），也稱爲辛（Sin）。南納出生於地底，從地平線上升後，橫跨整個夜空，成爲了蘇美文明的保護神，並於古美索不達米亞的烏爾大塔廟中受人敬拜。月亮當時對人類的影響甚大，因此地位遠高於太陽。太陽在當時被視爲南納的兒子，叫做烏圖（Utu）。

　　安海度亞娜（Enheduanna）作爲最早被記載的知名詩人，也是月神南納信仰的一員。她是南納的高階女祭司，並在著作中推崇南納和他的女兒伊南娜（Inanna），也就是愛之女神與天國皇后。

　　埃及人信仰的月神也屬男性形象，而多數太陽神則爲女性形象。

孔蘇（Khonshu）和托特（Thoth）則是埃及神話中，主宰月亮和時間的兩位神靈。直到希臘主宰的希臘化時代開始，月亮才成了陰性神靈，有了許多女神名稱——特別是塞勒涅（Selene）則為最主要的月神化身，羅馬人則稱之為盧娜（Luna）。希臘人的月神神話也記載著象徵眉月的狩獵女神——阿提米絲（Artemis），以及掌管天界、人間、冥界的泰坦女神——黑卡蒂（Hekate）。

雖然許多文化抱持崇敬的心來信仰月神，但也有一些文化是懼怕月亮，並認為月亮是邪惡的主要來源。父權體制的一神論宗教崛起後，這些文化便不再信仰女神、敬拜月亮。其中最著名的例子則是女神莉莉絲（Lilith）。起源自蘇美時期，她是南娜的母親、伊南娜的女祭司、風之神靈，後來又被希伯來人列為亞當的第一任妻子，並遭到妖魔化。在民間傳說和諸多宗教中，有許多關於莉莉絲的古老神話都認為她是月亮的化身，視她為邪惡的女巫與情慾的惡魔。當代，她的地位有了提升，成了賦予力量的源頭，以及巫師、女巫會敬拜的月亮女神。

若是沒有先人為月亮所做的一切，我們現在也無法陶醉於月亮帶來的美好恩惠。過去那些古老的月神敬拜儀式，如今已被新異教徒和其他當代靈性風潮復甦。這群人試圖振興多神信仰，以及復甦歐洲古代的自然信仰。這些信仰與修持都蘊含對於儀式魔法和巫術的崇拜，而這些魔法儀式的能量都源自月亮。月亮儀式（Esbats）即月亮慶

典，由許多女巫、異教徒、威卡巫師組成的群體或個人來舉行。在儀式中，我們結合意念與月亮的能量，透過咒術來創造改變。這些儀式融匯古法和新意，重新喚醒月亮的迷人魔力，及其最原始的顯化力量和豐盛能量。有了這些概念後，一起來探索不同的月相如何爲生活帶來豐盛吧！

占星學、天文學、月亮魔法

公元前三千年左右，巴比倫人早已開始觀測天象，追蹤月亮和太陽的移動軌跡，並以此作為時間測量單位。直到公元前兩千年，他們才開始觀測星體的位置，甚至還開始判斷月亮和太陽在移動時經過哪些星座。

他們稱之為黃道，並建立了我們熟知的黃道十二星座系統。從這時起，巴比倫人根據天象觀測來詮釋星象的預兆。

在占星學中，我們都知道太陽星座代表此生的人格特質。這是我們最熟知的星座，但是占星學中還有月亮星座，掌管情緒。太陽星座掌管你的日常生活，從基礎面來說，你的月亮星座代表潛意識中的靈魂和內在感受。

月亮星座根據你的出生時間和地點，月亮當時的位置而定。你可以上 astro.com 這個占星網站，免費得到你的完整本命星盤。有些人可能不知道自己的出生時間或地點。儘管理想情況中最好有出生時間和地點，但你還是可以利用這個網站，點選「未知」（unknown）這個選項，得到最接近的本命星盤。

了解你的月亮星座會大幅提升你的月亮魔法能力。我發現，如果月亮行運到你的月亮星座，在這個時候進行巫術會強化魔法效果。例如，我的月亮星座是天秤座，每當月亮行運到天秤座時，我的魔力和精力都會特別充沛、強效。因此，我都將自己最特殊的儀式和咒術留到天秤座滿月時施行。

月亮的週期與月相變化

月球的週期變化約二十九天半。當古人夜觀星空，看見月球不斷移動、變化後，這些觀察幫助他們創建曆法。月亮以順時針運行的軌跡，將太陽光反射到地球上時，過程中月亮會出現週期性的盈虧現象。由於月球在繞行週期中不斷陰晴圓缺，因此月亮每晚都在變化。但是，月相被分成八大月相，每一種月相都蘊藏不同的能量印記，能夠進一步協助你的魔法咒術。讓我們細細探究月相吧。

新月（New Moon）

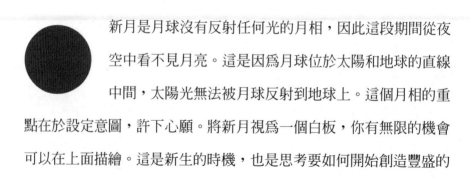

新月是月球沒有反射任何光的月相，因此這段期間從夜空中看不見月亮。這是因為月球位於太陽和地球的直線中間，太陽光無法被月球反射到地球上。這個月相的重點在於設定意圖，許下心願。將新月視為一個白板，你有無限的機會可以在上面描繪。這是新生的時機，也是思考要如何開始創造豐盛的

時機。

　　大家都說新月會持續三天，但其實並非如此。新月的前後夜晚看起來是一片漆黑，至少我們從地球上用肉眼去看，新月太過細小，所以會看不清楚。新月的前一晚有時稱爲暗月（dark moon），被認爲是驅逐和反思的大好時機。

眉月（Waxing Crescent）

眉月就像是反轉的「C」字形，月亮開始變成滿月的第一步。白天時你可以眞的用肉眼看到眉月，當太陽逐漸西下，眉月會越來越明顯可見。如果要開發豐盛能量，那麼眉月的重點就是實際行動。

上弦月（First Quarter）

上弦月是月球表面可見度達百分之五十時的月相。由於月球處於一半可見的狀態，它代表著十字路口，這個時機點可以進行與決策相關的豐盛咒術。

盈凸月（Waxing Gibbous）

 盈凸月是月球接近滿月，但左側有著C字形陰影的月相。從上一階段的決策期來到這個月相，此時你的咒術要更具體明確，回歸你最初的願望。

滿月（Full Moon）

滿月是月球最明亮的月相，能量來到至高點，滿月一直以來也是民間傳說和敬拜的主要重點。這段期間，女巫／巫師和其他巫術團體都會慶祝滿月的光輝，並吸納月亮的豐盛魔力。這個月相非常適合擴展願望的魔法儀式，同時也映射和擴大美麗與優雅的能量。

　　如同新月期間，滿月也被認為會持續三天。儘管真正的滿月只有維持幾秒鐘而已，但是對我們的肉眼來說，滿月看起來會持續整整三天。如果你想要運用滿月的能量，但當晚你有其他要務在身，你依然可以在滿月前一天和後一天運用它的能量。

虧凸月（Waning Gibbous）

虧凸月跟盈凸月相反。虧凸月時，月亮會開始從右邊漸缺。這段期間，是你表達感恩的最好時機，感謝生活中已顯化的豐盛。

下弦月（Third Quarter Moon）

如同上弦月，下弦月的月球表面可見度也是百分之五十，而下弦月是月球的左側反射出月光。當月球逐漸虧缺，豐盛的核心主旨就是寬恕。

殘月（Waning Crescent）

殘月就像是銀色的「C」字形，月球在半夜升起，直到清晨仍能看見。這是月亮重生進入下一個月相前的最後階段，這是放下與釋放的時機。你的魔法儀式最好著重於清理生活中你執著的人事物。

其他的月球現象

除了常見的八大月相之外，還有幾種月相能夠帶來豐盛的其他力量，可以用在咒術中。

- **黑月（Black Moon）**：同一個月內出現兩次新月時的月相。不要把這裡的黑月跟占星學上的黑月搞混。

- **藍月（Blue Moon）**：同一個月內出現兩次滿月時的月相。

- **紅月（Red Moon）**：月全食發生時而命名的月相。這個天文現象是由於地球位於太陽和月亮的直線中間，導致月球反射的太陽光變成紅色。紅月有時也被稱為血月。

- **日食（Solar Eclipse）**：月亮位於太陽和地球的直線中間，遮擋住太陽的光。

- **超級月亮（Supermoon）**：當新月或滿月發生時，月球的位置離地球最近。此時的月球比一般滿月或新月時看起來更大、更亮。

自然的月亮能量

宇宙萬物都由能量構成——物質、情緒、靈性都是。魔法和咒術導引這樣的能量來顯化願望。連結月亮的力量可以為你的生活充能，提供必要的能量，顯化更多你想要的一切。為了更加了解月亮的玄祕能量，我們要從科學角度深入探討月球如何影響地球上的生命。

我們都知道月球影響地心引力和海洋潮汐。新月和滿月期間，地球來到太陽與月亮的交會線之間。地球的一側若剛好處於交會線上，則承受著太陽的引力和月球的重力場，引發漲潮；同時，地球另一側若與太陽跟月亮形成九十度的直角，會出現退潮。每種月相都會影響植物生長，滿月的引力會讓植物吸收更多水分。

同理而言，這也會影響大氣中的水分，月亮具備影響氣候的能力。經過觀測，滿月和新月時會出現更多颶風和龍捲風，而盈月和虧月時，降雨量會增加。

既然提到水，地球有大約百分之七十是由水組成，而人體的水分則將近百分之六十。科學已證實月相變化對人體並無影響，但是就水分的百分比而言，人體與地球非常相近，這則進一步說明了人類與月亮之間的能量連結和靈性意義。

月亮也特別與經期中的女性有關。雖然不是每一次的月經都與月

亮週期同步報到，但是月經和月亮的週期還是有科學上的關聯——二十九天半！甚至，英文中的「經期」（menstruation）源自拉丁文的「mensis」，意謂「月分」，而這個字又源自希臘文的「mene」，代表「月亮」。同時，多數動物的生存都仰賴月亮週期。有些動物會利用月光狩獵或躲藏，而有些則是在特定月相時求偶交配。一些特定的海洋物種和兩棲動物則是根據滿月或新月的潮汐，上岸交配。

有鑑於此，月亮的能量對我們的生活其實有著直接影響。讓我們繼續進一步探討，如何將月亮的特性轉變成你可以運用的能量，透過巫術魔法來實現心願和創造豐盛。

月亮、顯化、豐盛

　　人們常有誤解，以為只有新月和滿月的能量，才最適合設定意圖和顯化心願。實際上，每一種月相都能協助我們許下心願、觀想成功、了解自己、累積力量，並幫助我們釋放限制。這些全部都是召喚豐盛的形式。你可能會問：「要怎麼做？」

　　我們都聽過一句話，模仿是最真誠的恭維。月亮魔法之所以有用，就像這樣。根據交感巫術（sympathetic magic）的法則，我們得以藉由相似律（laws of similarity）來導引能量。

　　大部分的巫術作法在本質上都屬於交感巫術，亦即透過相似的物品來成功施術。施咒的道具有各式各樣的材料，例如水晶、草藥、薰香，以加強顯化的能量。舉例來說，當我們想到巫術，紅色蠟燭通常都是愛情咒術的常見工具，因為紅色與愛情和熱情有關。同樣地，娃娃或人像在巫術中可以用來代表你自己或他人。我們會在下一章有更明確的討論，並了解如何使用不同的材料，進一步開發你的月亮豐盛魔力。

第 2 章

月亮魔法工具組

想像你在進行月亮魔法和咒術時，

就像下廚做你最愛的菜餚。

開始烹飪前，你必須要先決定你要做什麼菜。

接著，你根據想法而選擇某個食譜。

這個食譜就是咒術，並且有個流程公式可以讓你操作。

跟烹飪一樣，

你的咒術食譜會有各種的材料混合在一起，

以獲得你渴望的成果。

然而，我們並不是真的將食材混合烹煮，

而是將許多對應願望的天然物品結合在一起；

我們不是在爐灶上烹飪材料，而是施咒時將意念灌注其中。

方式、時間、原因、地點

　　本節中，為了進行月亮魔法，我們會檢視正確的方法、時辰的影響、地點的重要性。

　　如果閱讀本書第二部時有任何疑惑，請翻回此節。

月亮魔法的方法論：方式

　　進行任何咒術或儀式前，有特定的步驟需要遵守。在你繼續閱讀本章節時，請將下述指南銘記在心，以便你進行月亮魔法儀式。

月亮魔法準備指南

1.決定你的願望

這是最重要的環節！要清楚了解自己的心願到底是什麼，以及你想要它以何種方式在生活中顯化。

2.蒐集材料

最終你會發現，你唯二需要的材料就是你自己和你的意念。當然，我

們還得利用多種工具來放大能量，以便實現心願。關於這點，我們會在本章中探討更多。

3.布置空間

你的儀式、慶典和咒術會需要你全然的專注。因此，一定要摒除所有可能讓你分心的人事物，包含愛搞亂的寵物、家人、室友、氣候因素，甚至是有人來電，以及其他可能讓你分心的雜務。準備儀式時，確保你已經處理好這些因素，並想想是否還有其他可能會讓你分心的事情會發生。

4.沐浴鹽洗

我建議在儀式前先泡澡沐浴，讓你的身心靈都得以潔淨，準備施咒。巫術訣竅：泡澡沐浴本身就可以是一種咒術，因為你自己就是咒術的材料之一。但我們之後會再探討這點。所有的基本功都完成後，就來到進行月亮魔法的環節了。

下述是非常簡單的指南，一步一步帶你了解儀式的標準流程。每一步都會在本章後續詳談。

月亮魔法儀式指南

1. 淨化空間

可以是簡單的鹽水灑淨、鼠尾草煙薰淨化，或是把空間清掃乾淨。

2. 扎根接地與歸於中心

當所有事情準備就緒，接著就是扎根接地和歸於中心。透過冥想澄淨心靈，將能量聚焦於待會要進行的儀式。

3. 畫出魔法圓

這個步驟是用能量畫出圓形的結界範圍，以進行月亮魔法儀式（參見50頁）。

4. 召請四方／元素

穩固你的魔法圓結界，並呼喚元素的能量協助你的魔法儀式（參見49頁）。

5. 召請月亮／神靈

呼喚月神、祖先或是神靈來協助你的儀式，但這不是必要的步驟。

6. 宣告你的意圖

這個步驟是在施展咒語或舉行慶典的時候。

趣事：咒語之所以為咒語，是因為你要透過你的話「語」，開口宣告你的意圖。

7. 提升能量

攪動能量，並將能量釋出到宇宙中。

8. 尋歡作樂

榮耀月亮，並感謝月亮的協助。

9. 儀式收尾

感謝月亮、神靈、元素和宇宙，感謝他們參與儀式，並感謝即將進入你生活之中的祝福。獻上感激之情，因你準備好接收豐盛，接著解除魔法圓。

時間點很重要：時機

許多剛開始練習月亮魔法的人，都會犯一個錯，那就是同時進行多個咒術。記住：適度即可！因為釋出過多能量到宇宙中，會混淆能量產生反效果。因此，最好將一些咒術留到特定時機或有需求時再進行。話雖如此，雖然月相的時間點在魔法中不可或缺，但是日子、月分以及星座也能夠提供魔法能量。

行星時間與行星日子

行星時間是特別的占星系統，一週的每個日子和時間都由七顆古典行星掌管：土星、木星、火星、太陽、金星、水星、月亮。這套系統源自古時候，每一天都由某個行星掌管，並且將那一天分為二十四小時，一天中的每段時間都具備特定的行星能量。你可以在月亮魔法中使用行星能量，強化你的巫術效果。例如，金星代表愛，並掌管星期五。吸引新戀情的咒術最好是在新月或眉月的月相，並在星期五的金星時間進行。

但是，如果月相並沒有對應到當週的正確日子怎麼辦？你可以在最適合該咒術的行星時間進行。舉例來說，如果我想要做金錢咒術，但沒辦法在星期四做的話，我會盡可能選擇在當天與金錢相關的行

星時間（木星）進行。我使用 astrology.com.tr/planetary-hours.asp 網站，找出對應我所在地區的行星時間。參見以下表格，了解更多細節。

該日	該日行星	行星符號	對應能量
星期一	月亮	☾	情緒、直覺、通靈覺知、魔力
星期二	火星	♂	熱情、性慾、競爭、勇氣、侵略
星期三	水星	☿	溝通、教育、新想法、健康
星期四	木星	♃	好運、增長、成就、金融、法律事務
星期五	金星	♀	愛情、美麗、享受、奢華、寵愛自己、愉悅
星期六	土星	♄	長期目標、職涯、業力、反彈／驅逐
星期日	太陽	☉	賦予力量、熱情、活力、富足、成功

月分之月

　　許多文明都會命名每一個月分的月亮，尤其是每個月的滿月。這張表格列出一些美洲原住民命名的滿月名稱，以及對應的魔法特質，可以用在月亮魔法的咒術中。

月亮	名稱	命名起源	魔法特質
一月	狼月（Wolf Moon）	狼群在寒冷的天氣中嚎叫	家庭、友誼、領導力
二月	雪月（Snow Moon）	降雪量最多的月分	家庭活動
三月	蟲月（Worm Moon）	春天來臨，土壤中可見蚯蚓	栽種、目標、健康
四月	粉紅月（Pink Moon）	粉紅色的花朵在春天綻放	愛情、美麗
五月	花卉月（Flower Moon）	百花齊放	創造與生育
六月	莓果月（Strawberry Moon）	採收莓果的季節	繁榮富足
七月	雄鹿月（Buck Moon）	雄鹿的鹿角開始生長	毅力與體力
八月	鱘魚月（Sturgeon Moon）	北美的五大湖裡開始游滿魚群	溝通交流
九月	收穫月（Harvest Moon）	準備採收農作物	感恩
十月	狩獵月（Hunter's Moon）	秋季的狩獵儀式	賦予力量和本能直覺
十一月	河狸月（Beaver Moon）	河狸準備過冬	準備與保護
十二月	寒月（Cold Moon）	冬天來臨	更新與成功

黃道十二星座

　　天文學和占星學都有黃道的系統，太陽、月亮和其他行星會在黃道的軌跡上移動，經過十二星座。

　　月亮每兩到三天就會移動到下一個星座。星座可以帶來特定的能量品質，讓你運用在咒術中。有許多天文曆會標註月亮此時位於哪個星座，但是在準備咒術時，我個人比較喜歡使用 mooncalendar.astro-seek.com 這個網站。

月亮星座	魔法特質
牡羊座	行動、賦予力量、重生
金牛座	愛情、家庭、繁榮
雙子座	交流、交通、才智
巨蟹座	情緒、慈悲、家庭
獅子座	專注、勇氣、力量
處女座	智力、求職、健康
天秤座	公正、美感、藝術
天蠍座	祕密、性慾、轉化
射手座	真相、幸運、熱情
摩羯座	職涯、政治、抱負
水瓶座	友誼、科技、自由
雙魚座	靈性、直覺、通靈能力

時時刻刻皆豐盛：原因

儀式可以激發心智上的魔力。我們每一天都在進行儀式——晨起的固定習慣、通勤去工作等等。進行儀式來顯化豐盛，也是類似的概念。靈性儀式和儀式魔法在根本上，都是幫我們將日常挑戰變成正向機會。

我很喜歡儀式從無到有的整個過程，因為我的大腦能夠很快從日常世界的繁雜壓力中逃離，並進入充滿浩瀚祝福的領域。我也認為進行魔法工作時，一定要保持輕鬆的玩樂之心。沒錯，我們要認真看待儀式，並且要全心投入，但是儀式也應該要帶給你喜悅和快樂，因為你同時也釋放對你無益的一切，並按照你個人的方式活出魔法般的生活。

神聖空間與場域：地點

現代靈性修持中最棒的一點，就是儀式不受限於特定空間。咒術可以在各種場域進行，室內和戶外都可以，只要有足夠的隱私即可。魔法與心智有關，由專注的意念催動。如果你在一個吵雜、令你分心的環境，你就有可能會局限自己迎接豐盛的能力。

能夠在戶外空間進行月亮魔法的話非常好，但是一定要注意安全

和獲得許可。一些特定的戶外地點禁止他人做儀式，而其他地點則可能由於某些自然因素，容易遭到攻擊或受傷。此外，戶外空間的自然界元素也會帶來小麻煩。我有一次舉辦戶外集體儀式，我們嘗試各種方法，但風依舊大到不斷吹熄我們的蠟燭。接著，天空還下起了雨——這真的是麻煩透頂。

有鑑於此，我喜歡在室內做儀式，就在我的客廳布置一個魔法工作區。建議你在能夠直接看見月亮的空間做儀式，但有時候因為地點因素或氣候影響，很難達到這個要求。如果你沒辦法直接看見月亮，不用擔心。月亮一直都在夜空中，如同星辰和南北半球的國家都依舊存在。我們無須得看見月亮才相信它存在，或是才能運用它的能量。然而，如果你是視覺型的人，你當然可以用一張照片、雕像或其他與月亮相關的象徵物來做儀式。

設定意圖，實現心願

要記住，你不是只能在特定月相的期間才能顯化豐盛。顯化心願的過程來自於你在整個月亮週期中，都專心於你的意圖。從新月到滿月的期間，你的心願要與新開始、行動、決策和慶祝有關。從滿月到新月的期間，專注於感恩、寬恕和釋放。

當你想到實現心願時，就要記得我的三大月亮魔法金句：

● 要求你想要的東西

為了得到你要的東西，你必須願意請求得到它，並且願意讓它進入生命中。常言道，魔法由專注的意念催動。這是真的，但你也必須願意運用你的意願。

● 相信它會實現

因為信念具有強大的力量。為了得到你的所求，你必須放下懷疑，並真心信任它會實現。這也是吸引力法則喔——信者則得，不信則失。

● 接收豐盛

這是最棒的部分了！只要你敞開自己，迎接月亮帶給你的一切豐盛可

能性，你就成爲了一塊磁鐵，吸引更多豐盛。

　　顯化心願的過程中，最好不要被你的渴望所局限。當你局限願望，你就限制了豐盛的能量。也就是說，若你希望有新戀情出現，最好的做法就是將意念專注於浪漫又熱烈的愛，而非只專注於特定對象。

　　成效可能很快就出現，也有可能需要時間來發酵。宇宙的時間法則並非按照我們的時間觀運作，而咒術並非速食般的靈性修持。你要保持耐心並信任事情會按照計畫進行。最糟的情況：假如你的心願在六個月內沒有實現，那就再做一次儀式。但是要記得，除了進行魔法儀式，你也一定要有實際作爲。你必須在眞實生活裡具體行動，才能達到成果。

靜心冥想和月光沐浴

- **靜心冥想：**是平靜心靈的方式，也能夠讓你專注於特定心念。這個方法會讓你受益良多，並且能用於許多情況。

- **月光沐浴：**是讓月光照射在身上，如同日光浴一樣，接收月亮的能量。

巫術訣竅

在容器裡裝滿新鮮的礦泉水，加入幾顆月光石後，在滿月的晚上，把容器放在窗檯。要在太陽升起前將月光水收起來，並保存在陰暗處。每當你需要滿月的豐盛能量時，都可以將月光水擦在身上，來達到月光沐浴的相同效果。

儀式食譜

跟所有食譜一樣，爲了做出你想要的菜餚，你必須遵守某些步驟、使用某些材料。這道理通用於你的月亮儀式、慶典、咒術。在下一節，我們會探究進行月亮儀式的方法，以及進行咒術的工具。

巫術專用工具

現代的巫術中，有許多工具自古以來都在使用。這些工具在儀式的每個階段都有其用處。最常用的工具如下：

儀式刀（Athame）

通常是一把具有磁性的雙鋒刀刃，用來導引能量，而非眞的拿來切東西。儀式中，儀式刀就是你的延伸，用來畫出魔法圓，劃開結界，灌注魔力到物品中等等。有些傳統會有更多細節要求，例如刀刃的長度和刀柄的材質。我認爲，只要對你來說具有意義，就能導引你的意念。我的儀式刀由黃銅鑄造，外型是妖嬈的美人魚。因爲是美人魚的緣故，透過水元素的能量和月亮掌管的潮汐，她能協助我接通月亮的能量，這是我目前爲止最有意義的巫術工具。

權杖（Wand）

由木材、金屬甚至是水晶礦石打造，用來召請，通常跟儀式刀會交換使用。

五芒星（Pentacle）

木頭材質、黏土或金屬的圓盤，上面有著名的巫術符號，五芒星。五芒星象徵人類與蒼天。儀式中，它是用來祝聖的工具。

儀式杯（Chalice）

飲用的容器，也是盛有祭酒的供杯。儀式杯的樣式沒有限制，一般的水杯或炫目的紅酒杯都可以。

大釜（Cauldron）

三足鐵鍋，通常用來燒東西或裝其他物品。因為要燒東西，你也可以用防火的碗來替代。

缽和杵（Mortar and Pestle）

用來研磨薰香和魔法粉。

塔羅牌（Tarot cards）

七十八張牌，用來自我省思和預測未來。塔羅牌的牌面圖像和象徵符號會刺激潛意識，浮現出徵兆以供解讀。許多巫師和當代神祕學家都會使用塔羅牌或其他占卜工具，例如神諭卡或水晶球。

暗影之書（Book of Shadows）

這是臭名昭彰的咒語書！暗影之書通常被視為巫師的日記或筆記本，寫下咒語、意圖、靈視，以及其他巫術修持的重要奧祕。

四大方位與四大元素

每一個方位都對應一種元素——土、風、火、水。許多新異教的實踐者視大自然為神聖。從很多方面來說，月亮是我們生活的自然世界中的一分子。在魔法圓中，通常會召請四方的四元素來到這個空間，進而提供能量。要召請四大元素時，我喜歡從東方開始，因為月亮是東升西落。

以下是每個元素的對應意義：

● 東方

對應到風元素。風沒有實體形象，因此代表我們的心智、想法、智能、想像。儀式中，可以用羽毛、薰香或搖鈴來代表。

● 南方

對應到火元素，代表欲望、感官、熱情、創造力。儀式中，可以使用蠟燭、火山玻璃（黑曜岩）或沙漠的沙子來代表。

● 西方

對應到水元素。象徵內心流動的情緒，以及內心流露出來的愛。儀式中，可以用貝殼、乾燥的海星或一碗水來代表。

● 北方

對應到土元素，象徵結構、架構和物質的力量。儀式中，可以用水晶、石頭、樹葉、植物或一碗鹽來代表。

我知道判定方位可能不容易，但幸運的是，智慧型手機上有許多應用程式可以告訴我們方位。

然而，如果你不確定方位，身上也沒有指南針，那就參考你現在的位置在太陽的哪一邊，因為太陽從東邊升起，西邊落下。正中午的時候，太陽會在南方。如果你住在北半球，那太陽永遠都不會跑到北方。

畫出你的月亮魔法圓

巫術中常用的一個詞彙是「魔法圓」（magic circle），魔法圓會承載儀式的魔力，也是魔力的投射器。魔法圓也會在星光世界和日常世界之間起到保護的作用。當我為了月亮儀式而畫出魔法圓時，我會觀想這個結界就是由能量構成的球體，彷彿月亮和地球的形狀。

關於魔法圓的大小，有各種說法。然而，現今的場地空間跟以前相比局限多了，不一定都能有夠大的地方讓你畫出直徑一百八十公分或兩百八十公分的圓。不用太執著這些細節。發揮想像力，讓你的魔法成為你的延伸。只要你覺得場地大小足夠你畫出魔法圓，那就可以了。

使用粉筆、鹽巴、常春藤、花瓣、蠟燭或對應四方元素的象徵物（例如薰香代表風元素，蠟燭代表火元素，一杯水代表水元素，花朵或植物代表土元素），來建立魔法圓的邊界，也是很有效的方式。

決定你的儀式意圖後，準備你的材料，淨化自己，淨化空間，手握儀式刀、權杖或其他工具，例如水晶或薰香杖，以順時針的方向在你的周圍畫出魔法圓。

手握儀式刀或權杖，向天空高舉，再往下導引能量到你前方的大地。閉上雙眼，感知空間中的魔法圓。過程中，觀想銀色的月光從月球降下，接著向外擴散，形成閃閃發光的圓環包圍住你。同時口唸咒語：

「我祝聖您，月光魔力的神聖魔法圓。

願您保護並提升此處召喚的豐盛魔力。」

現在，面朝魔法圓的東方，拿起風元素象徵物，召請：

「東方的守護者，

風元素，請以您的氣息祝福此圓。」

現在，面朝魔法圓的南方，拿起火元素象徵物，召請：

「南方的守護者，

火元素，請以您的熱情祝福此圓。」

現在，面朝魔法圓的西方，拿起水元素象徵物，召請：

「西方的守護者，

水元素，請以您的愛祝福此圓。」

現在，面朝魔法圓的北方，拿起土元素象徵物，召請：

「北方的守護者，

土元素，請以您的結構祝福此圓。」

將儀式刀或權杖指向天空，並向下劃至你下方的大地，口唸咒語：

「如其在上，如其在下。」

將儀式刀或權杖指向你的左側，並向右劃至你的右側，口唸咒語：

「如其在內，如其在外。」

觀想魔法圓在你周圍擴展成完整的球體，口唸咒語：

「願月亮的豐盛魔力祝福此圓。」

現在你的魔法圓已經建立好了。在魔法圓內，你會宣告你的儀式意圖。方法可以很簡單，例如透過靜心冥想幫助你達成目標，或是根據你的願望，參照第二部來進行特定咒術。

或者你可以召請特定的月神或祖先協助儀式，以崇敬之心敬拜祂們。若是選擇與神靈合作（參見71～73頁的月神清單），而你沒有敬拜月神的祈請文，你可以參考使用下列的範本：

「神靈的名諱」，「神靈以什麼聞名」的男神／女神，

我召請您，並請求您協助本次的魔法儀式。

宣告完你的意圖之後，下一步就是提升能量和建立魔力之錐。這會激發魔法圓的能量，並像彈弓一樣，將能量投射進宇宙中，加以顯化。你可以透過舞蹈、唱頌、搖鈴、頌缽等等來激發能量。

在你做完上述消耗體力的步驟後，你可以透過祭酒獻給月亮，作為感謝，並讓自己的能量扎根接地。結束後，以逆時針方向，感謝四方元素，釋放魔法圓的能量來解除魔法圓。作法就是，手握儀式刀或權杖，往前伸直，逆時針方向旋轉，觀想魔法圓被切成一半，銀色光輝開始分解向上回到月亮，口唸咒語：

「願這月光魔法圓，如我所說，打開、解除。」

增強能量的工具裝備

既然我們已經了解了方法和原因，現在讓我們仔細了解月亮魔法的工具材料吧。

供品

最好不要吃太飽後才做儀式，因爲你可能會不太舒服，或是讓儀式產生反效果而無法實現心願。也就是說，你可以在儀式準備中獻上食物或飲料，增強能量、扎根接地，也能夠作爲供品以換取你的心願實現。

如果要在儀式過程獻上供品，要先思考你的咒術目標爲何，並從目標來著手。我不會在每場儀式都獻上供品，但每當我獻上供品，我發現效果最好的供品是多汁的水果、餅乾、蛋糕和其他令人垂涎三尺的零食。

不過，我一定都會在儀式中獻上祭酒，我喜歡獻上香檳或紅酒。茶類、通寧水、酊劑也是可以添加在儀式流程中的供品，因爲你可以提前混合對應願望的藥草。

衣著

　　時尚產業早已接納巫術文化的影響，所以我們可以見到許多飄逸的長披肩、日本和服和宇宙印花樣式的衣服，這些服飾極具美感。選擇儀式服裝時，你可以自己決定要如何打扮自己。理想上來說，最好穿著只有進行巫術時才會穿的特殊服飾。舒適且方便肢體移動的衣著為佳。我有幾件鑲嵌亮片的和服和緞面長袍，我會穿著它進行儀式，增強我的魔力。然而，最重要的是不要讓衣服影響到你的儀式。飄逸的流蘇斗篷雖然華麗，但在火焰周圍走動時可能不太實用。

　　根據你想要顯化的豐盛類型，你可以穿著相對應的顏色（參見60頁）。記住，一切都由能量組成，而顏色也是你可以運用的額外能量。或者是，你也可以什麼都不穿。這行為通常稱為「天體」，意指天空是你身體唯一的遮蔽物。這是充滿力量的儀式形式，特別是在滿月儀式時進行，可以吸收月光的能量。

音樂

　　我很喜歡在儀式過程中放音樂。我喜歡使用性感的歌曲或優美的混音，這些音樂能夠契入月光的能量氛圍。我有時也會看一下歌詞是否適合儀式主題。舉例來說，如果你要招桃花，那麼跟分手相關的歌

曲就不會是最佳選擇。一定要提前選擇你的音樂清單，聆聽過一遍，以防有預料之外的歌曲出現。運用音樂的魔力時，環境音樂、電子音樂、民謠、靈魂音樂、迷幻音樂、迷幻舞曲，都是我個人推薦的音樂類型。

我的音樂首選是曲風散發女巫氛圍的歌手或音樂家，碧玉（Björk）、多莉・艾莫絲（Tori Amos）、拉娜・德芮（Lana Del Rey）、史蒂薇・妮克絲（Stevie Nicks）、強烈衝擊樂團（Massive Attack）、莎黛（Sade）、歌手FKA Twigs、Tennis樂團、芙蘿倫絲機進分子（Florence and the Machine）、埃斯特羅（Esthero）、歌手SZA。

此外，如果你是音樂家，那麼演奏樂器、歌唱或吟唱都會是儀式中能帶來強大效果的一環。這會幫助你在魔法圓內提升能量，並投射到宇宙中。

魔法配件與配飾

- **珠寶：**除了衣著之外，珠寶也是在魔法儀式中帶來能量的飾品。你會發現有許多女巫或巫師，都配戴各式各樣的墜飾或戒指，上面有特定的水晶礦石，帶來保護、好運或其他能量效果。任何對你有特殊意義的珠寶都可以先淨化，並注入月亮的魔力後，協助你的魔法更有效果。

- **符印：**符印是具有魔力的符號，呼應著巫師施咒時的目的。符印可能是圖案、字母或文字，通常在蠟燭魔法中會刻在蠟燭上，或是畫在紙上，並在祭壇上祝聖。

• **雲母**：雲母片是天然的亮粉，你可以塗抹在蠟燭上，
或是使用於其他魔法儀式中。你可以用不同顏色的雲
母裝飾你的蠟燭，為它們注入額外的能量。因為雲母
本身會閃閃發光和反射光芒，所以也是很好的媒介，
幫助你招進能量的同時，又可以保護你的願望。

蠟燭

　　蠟燭有各式各樣的形狀和顏色，有助於催動魔法意圖。因爲蠟燭由蠟製成，許多施咒的巫師和女巫會在上面雕刻文字或符號，並用油來塗抹祝聖，用草藥裹住蠟燭，或是加上雲母片和其他對應願望的材料。

　　經驗法則告訴我們，蠟燭一定要完全燒盡，才能讓咒語發揮效果。因此，選擇適合的蠟燭大小就很重要了。如果是大型蠟燭，你可以點好幾天，並在燭火前冥想、專注於你的願望。只要別用同一支蠟燭許不同願望就好。如果你要熄滅燭火，建議吹熄蠟燭，而不是用熄燭器。

　　因爲你的氣息、你的生命能量，能將熄滅的煙吹入宇宙，讓願望得以顯化。

　　接下來的清單列出許多顏色對應的魔法效果，讓你可以套用在蠟燭魔法、儀式衣著，也可以用在其他魔法儀式裡。

- **紅色**：力量、熱情、欲望
- **粉紅色**：美麗、和諧、愛
- **橙色**：自信、生命力、創造力
- **黃色**：想像力、幸福快樂、專注力

- **綠色**：健康、大地能量、繁榮富足

- **藍色**：平靜、和平、溝通

- **紫色**：展望、智慧、靈性

- **棕色**：接地、家庭、物質

- **灰色**：平衡、法律事務、隱形

- **黑色**：保護、驅逐、吸收

- **白色**：反思、轉向、純淨

- **金色**：成功、好運、繁榮富足

- **銀色**：直覺、勝利、魅力

- **玫瑰金**：吸引力、優雅、調情

薰香與香氛

燃燒神聖草藥可以獻給具有更高力量的神祇或祖先，而香氛可以轉換你的意識狀態，協助你進入出神的意識。你可以在當地的新時代店家或網路上買到薰香。對於居住在郊區的人，或是住家附近沒有靈性用品店的人來說，網路商店會是很棒的購物資源。

琥珀（Amber）

美國的一些琥珀通常都會混幾滴麝香香精在琥珀樹脂上，這種琥珀非

常棒。琥珀非常適合用來招來好運、開始新計畫和新目標。

柯巴脂（Colpal）

用於靈性用途的樹脂，也是淨化能量的熱銷薰香。

龍血（Dragon's blood）

這是我的最愛。龍血非常萬用，適合驅逐負面能量，並幫助願望實現。可以帶來保護、勇氣、力量、愛和強化意圖。

乳香（Frankincense）

常用來祝聖物品和吸引好運。

梔子花（Gardenia）

芬芳的花香味，可以帶來幸福、愛、和平。

茉莉（Jasmine）

帶來平靜的花香，吸引愛情、金錢，並增強靈視力。

麝香（Musk）

具有催情效果，非常適合用於情慾或寵愛自己的魔法。

賽巴巴香（Nag champa）

世界知名的印度薰香。適合冥想靜心使用，也能喚醒靈性覺知。

廣藿香（Patchouli）

增強吸引力，尤其是金錢、生育、愛情、欲望。

玫瑰（Rose）

另一種萬用的薰香或香氛，激發愛情、和平和靈性意識。

檀香（Sandalwood）

知名的香料，帶來保護、靈視力、全面的成功。

鼠尾草（Sage）

最有名的藥草，燃燒鼠尾草可以帶來保護並淨化能量。通常都用在淨宅儀式中。

水晶與寶石

　　你可以在不同的月相期間爲你的水晶淨化、充能、注入魔力。我喜歡拿著水晶放到胸前，祈請這顆水晶被注入魔力，接著放在窗台讓它接收整片夜空的能量。

　　水晶能夠發揮大地的豐盛能量，並且也時常用於能量淨化、風水與玄學之中。

　　購買水晶時要特別當心，確定你是從可靠的來源購買，才能確定這些水晶來自哪些礦場。因爲現在市面上有許多塑膠或玻璃製的假水晶。同樣，任何以果類名稱命名的水晶，如「覆盆子」或「鳳梨」水晶，都可能經過人工染色處理。目前常見也容易取得的水晶有：

紫水晶（Amethyst）

公認爲現代神祕學家最愛的水晶。深紫色的水晶能夠提升靈通力，帶來清晰心智和思緒平靜。

白水晶（Clear quarts）

能量放大器。白水晶可以用在任何魔法儀式中。

黃水晶（Citrine）

自信、能量和個人力量。

螢石（Fluorite）

有各種顏色，通常代表頭腦清晰和溝通順暢。螢石能夠協助溝通交流，非常適合在辦公室工作的「女強巫」（#BossWitch）。

石榴石（Garnet）

熱情、力量、勇氣、自我價值。

拉長石（Labradorite）

這種深色的寶石有反光的效果，散發不同的顏色。拉長石的能量能夠協助轉變，適合所有魔法巫術和靈性修持。

月光石（Moonstone）

月亮魔法中的水晶首選。提升直覺、實現心願和帶來成長的美麗寶石。在儀式中，月光石實際上可以用來代表月亮，尤其是你的月光石剛好是圓球形的話，更適合。

黑曜石（Obsidian）

黑色的火山玻璃，能夠抵銷負面能量並清除雜亂的思緒。

珍珠（Pearl）

雖然珍珠不太屬於水晶或寶石，但也是月亮魔法中很重要的珠寶，因為它是由水中的軟體動物製造出來的產物。珍珠的珍珠層，或是閃閃發光的外觀，恰好代表滿月的光輝。珍珠也象徵美麗、優雅、長長久久的愛。

黃鐵礦（Pyrite）

又稱為愚人金，黃鐵礦是金色、散發光芒的礦石，能夠綻放純粹的魔力。這也是魔法工作者必備的礦石，因為它可以反彈一切負面能量，讓負面能量回去其源頭。

薔薇輝石（Rhodonite）

這種粉色和黑色的礦石很適合在虧月月相的儀式中使用。它可以吸收低潮的情緒，整合成富有想像力與和諧的能量。

粉晶（Rose quartz）

常見的粉色水晶，用於情緒療癒、愛情、寵愛自己和生育。

透石膏（Selenite）

硬度柔軟的礦石，帶來月光的光輝。透石膏很適合用來象徵月亮，並提升直覺、平靜，帶來淨化。巫術訣竅：不要將透石膏泡到水裡，否則它會分解。

煙晶（Smoky quartz）

深棕色、灰色或黑色的水晶，用來將能量接地，帶來保護並提升身體能量。

虎眼石（Tiger's eye）

象徵力量、勇氣以及如同貓一樣的隱身能力。

土耳其石（Turquoise）

適用於帶來友誼、樂觀和情緒療癒的咒術。

植物、藥草、精油

巫術中，根據你的咒術目的，會用新鮮的植物或乾燥植物來製作相應的魔藥、魔法油、魔法粉。植物也能提煉成精油，用於外用的局部療癒，或是塗抹在儀式物品上，例如蠟燭。在巫術圈子中，關於天然精油和合成香精一直以來都各有說法。我認為精油適合局部療癒，而香精則適合用於香水或誘惑他人。以下是我最喜歡也是容易取得的植物，可以用於魔藥水、魔法油和魔法粉。

羅勒（Basil）

用於財富和保護的咒術。

月桂（Bay）

月桂葉可以帶來好運和健康。

黑胡椒（Black pepper）

這種香料非常適用於需要快速有效的魔法，就像肉桂一樣。黑胡椒通常用於欲望、保護或驅逐的咒術。

洋甘菊（Chamomile）

洋甘菊帶來平靜，適用於增長慈悲和療癒疲勞的咒術。

肉桂（Cinnamon）

我的最愛！肉桂是非常有靈魂的香料，想要加快魔法實現的腳步時，就可以使用——尤其是跟肉體欲望相關的咒術。

接骨木花（Elderflower）

非常強效的防禦型花朵，帶來保護的能量。

洛神花（Hibiscus）

芬芳又美味的花卉。具有強效的能量，能吸引愛情，帶來欲望。

高約翰的根（High John）

來自瀉根（Ipomoea purga）的根部，跟牽牛花和蕃薯同屬。效果很好，非常適合許多類型的魔法，包含自信、好運、力量、征服困難。

薰衣草（Lavender）

帶來和諧與平靜的魔法藥草。

檸檬（Lemon）

這種酸甜的柑橘類植物是家家戶戶常見的水果，可以吸引愛情和正能量，同時又能提供保護，遠離邪惡，並清除阻礙。

薄荷（Mint）

帶來財富和提升活力的好用藥草。

艾草（Mugwort）

提升直覺，幫助你做預知夢。

橙花（Neroli）

激發幸福愉悅的情緒和自信。

蘭花（Orchid）

適合放在浴室，因爲沐浴時的水氣能夠讓蘭花長得茂盛。將蘭花放在鏡子能照到的位置，就能將美麗反射給你。

玫瑰（Rose）

花中之后，代表愛情、美麗、健康、好運、保護、靈性。玫瑰精油價

值不菲，通常十毫升就要大約一百美元。最好的做法是找到平價的玫瑰香精油，並加入玫瑰花瓣，讓香精可以融入自然花卉的能量。

迷迭香（Rosemary）

用於祭祀和祝聖的藥草。

零陵香豆（Tonka bean）

非常適合與自信和成功相關的咒術。

香草莢（Vanilla bean）

在食品雜貨店都買得到，是非常好的魔法材料，能帶來心靈專注、愛情和整體的吸引力（身體和物質都是）。

依蘭依蘭（Ylang-ylang）

提升性慾，吸引注意力。

月神

神靈也是你可以連結的能量來源，正如月亮是能量源頭一樣。我在下文列出影響人類文明最深的幾位月神。如果名單中有任何吸引你

的神靈，建議你先花點時間了解他們，並建立跟他們的連結後，再進行儀式祈請神靈的協助。第二部的內容中，我會推薦幾位最能與你的咒術相應的神靈。

阿芙蘿黛蒂（Aphrodite）／維納斯（Venus）

希臘／羅馬神話中的女神，象徵愛情、美麗、生育。她從海中出生，非常適合進行愛情主題的月亮儀式。

阿提米絲（Artemis）／黛安娜（Diana）

希臘／羅馬神話的少女神，也是狩獵女神、女巫的守護神。

黑卡蒂（Hekate）

希臘神話中，巫術和魔法的女神。她也被認為是三相女神和泰坦神之一，掌管三叉路口與人間、月亮和冥界。

孔蘇（Khonshu）

埃及的月神，名字意為「漫遊者」，因為人們看見他穿梭於夜空。

莉莉絲（Lilith）

起源自蘇美的神靈，象徵風、夢境、夜晚、誘惑。後來希伯來人將她

視為亞當的第一任妻子，但是莉莉絲不願順服於亞當。當代，莉莉絲的地位提升成為巫術的女神，並與月亮有很深的關聯，也象徵獨立、平等。

南納（Nanna）／辛（Sin）

蘇美文明時期的神靈，也是少數與月亮有關的男神。他的神聖獸物是一頭公牛，因此也與生育有關聯。

塞勒涅（Selene）／盧娜（Luna）

希臘／羅馬神話的泰坦女神，也是月亮女神，她最為人熟知的故事，是夜晚會駕著銀色的月亮馬車駛過夜空。她通常象徵滿月的女神，也象徵直覺、通靈能力。

三相女神（Triple Goddess）

在許多的新異教信仰中都會看到她，包括威卡教。三相女神是少女、母親和老婦，象徵女性的一生，也代表月亮的陰晴圓缺。

葉瑪亞（Yemaya）

非洲與加勒比海地區的海洋女神、美人魚形象的女神，也是愛之女神、療癒女神、巫術女神和月亮女神。

祭壇

祭壇是屬於你自己的，因此，祭壇的擺設要反映出你希望生命中出現的美麗與豐盛。祭壇是你的魔法工作站，也是你在儀式中的魔力焦點。我認為，最好的擺設其實就是按照你的直覺，擺放對你的願望來說具有特殊意義的物件，並放在你覺得應該要放的位置。

通常來說，你的月亮祭壇應該要擺放你所有的儀式工具，並放上每個元素的象徵物，如49頁所述。此外，也應該要擺放月亮的象徵物，可以是月亮的雕像、照片、銀色圓柱蠟燭、一塊月光石，甚至是一束白玫瑰，再根據你的咒術所需，放上其他的物品。

既然我們已經了解月亮魔法的原理和方法，現在來探索每種月相的豐盛魔力吧。讓我帶你了解如何立下咒術意圖，檢視每種月相階段可以施展的咒術。

八大月相

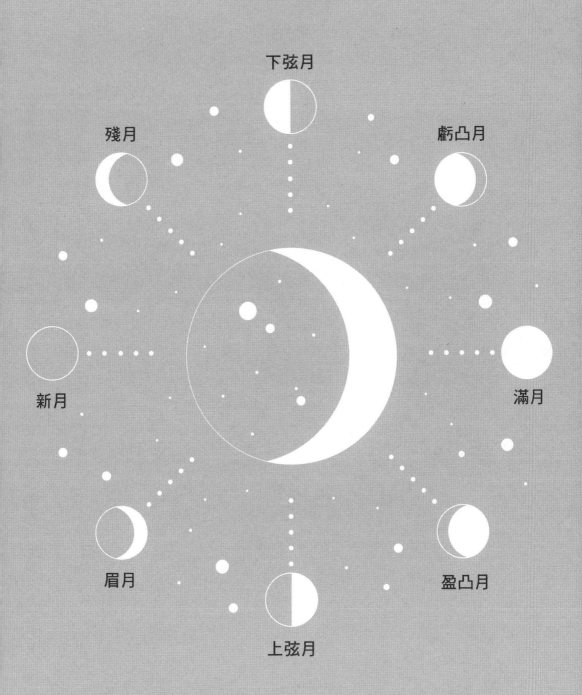

下弦月

殘月

虧凸月

新月

滿月

眉月

盈凸月

上弦月

第二部
祈求豐盛的月亮魔咒

歡迎來到月亮魔咒全書的第二部！

接下來的章節，我們會透過本書前述的內容，

藉由觀察、冥想、顯化來實現我們的心願。

第二部的每一章都呼應月亮的八大月相，

內容涵蓋對應該月相的一種魔藥和八項咒術。

這些咒術和魔藥都圍繞著我們的主題：

創造愛情的豐盛、成功的豐盛、喜悅的豐盛以及平靜的豐盛。

每一項咒術都有輕鬆上手的指南讓你練習，

以及幾項供你參考的建議，

如果你覺得建議適合你，就可以採納。

我們開始吧！

第 3 章

新月：許下心願

新月的能量非常適合用來顯化心願。

要記得，月亮在新月期間是沒法從肉眼看見月光。

如同種子種入土壤裡，

這個階段是透過新的意圖，

讓你專注於重新設立目標、重新連結情感、重燃內在渴望。

接下來的咒語、慶典、儀式都跟許下心願，

並呼喚新的人事物進入生活中有關。

設定意圖，許下心願

在月亮魔法中，決定你的心願是最重要的環節。這個環節不需要跟完整的儀式或咒術的流程一樣精心安排。可以只是簡單寫下你的心願，說出肯定句，感受新月能量的同時，在祭壇前針對你的目標靜心冥想。你的願望可以是任何你渴望的一切。

用以下的空格寫下肯定句，要符合你的願望和新月能量。肯定句要以「我會」、「我是」或「我擁有」開頭，而非「我想要」或「我需要」。原因是如果你想要願望顯化在現實生活中，你就要讓肯定句的描述，如同你的現實生活「已經是」這樣的狀態。例如，「我是健康的」、「我是被愛的」，以及「我會遇見我的愛情」。勇於做夢，勇敢追逐！

_____

_____

_____

_____

本章節中，我提供了一種魔藥以及八項咒術，讓你根據在新月時許下的心願來進行。每一項儀式都會提供肯定句，讓你「說」出來並觀想畫面，進而吸引豐盛。

實作 1 　黑夜魔藥

這個新月魔藥是茶飲，可以在任何的新月咒術、魔法或慶典中沖泡使用，幫助你許下心願，接收新月的豐盛魔力。這個魔藥以紅茶為基底茶，深色的茶色則呼應新月的黑夜。可可粒可以增加巧克力口味，帶來甜蜜，而橙皮則能催動願望發芽茁壯。

你會需要（單人份的材料）：

一茶匙的紅茶葉　　　　　　小攪拌碗

二分之一茶匙的可可粒　　　沖泡用熱水

二分之一茶匙的乾燥橙皮

額外建議：

• 任何一天中的月亮時間是最好的製作時間。

• 熱熱喝，才能激發新的成長和豐盛所需的能量。

• 一次製作大分量，並保存在密封罐中置於陰涼、陰暗處。

製作魔藥：

一、將茶葉、可可粒、乾橙皮，用雙手放入小攪拌碗，均勻混合。混合時，腦海想著你前面寫下的肯定句，並請求草藥植物協助你的願望瓜熟蒂落。

二、準備飲用時，將混合後的藥草以熱水沖泡。

三、沖泡時間五分鐘左右，看你喜歡清爽還是濃厚的茶味，接著過濾茶葉。靜心冥想或進行以下咒術時慢慢啜飲你的魔藥。

實作2 # 吸引愛人咒

愛情咒術時常很棘手麻煩,因為多數人都是想要吸引特定對象愛上自己。但是,這樣的單方操控並不會讓你享受愛情的豐盛。因此,最好是進行「來到我身邊」(come to me)類型的愛情咒術,這會讓宇宙知道你已經準備好迎接符合理想條件的伴侶了。

你會需要：

新鮮的紅玫瑰花瓣	一張紙
兩滴玫瑰精油，分開	一支紅筆
兩滴依蘭依蘭精油，分開	一把刀或牙籤一支
兩滴香草精油，分開	兩支紅色蠟燭，代表你
兩滴蜂蜜，分開	自己和即將到來的戀人
缽和杵	防火盤或防火碗
乾燥玫瑰花瓣	粉晶
乾燥洛神花花瓣	

額外建議：

- **最佳時機**：新月於星期二、星期五或星期日；當天的金星時間；月亮落在金牛座或天秤座。
- **衣著**：粉紅色或紅色。
- **薰香**：玫瑰。
- **神靈**：阿芙蘿黛蒂／維納斯、塞勒涅／盧娜或是葉瑪亞。
- **肯定句**：「我會顯化我的理想戀情。」

執行儀式：

一、在儀式之前，先泡個激發情慾的儀式澡，召喚愛的元素。加一把新鮮的紅玫瑰花瓣到水中，每種精油加一滴（玫瑰、依蘭依蘭、香草）和一滴蜂蜜。泡澡時，觀想自己變成吸引愛情的磁鐵。結束後，擦乾身體，並準備好儀式空間和所有材料。

二、用缽和杵來研磨乾燥玫瑰花以及洛神花瓣，研磨成細粉。研磨時，告訴這些藥草，請幫你吸引愛情來到你身邊。研磨花瓣的過程，觀想你渴望的愛情向你走來。

三、現在，拿起紙筆，寫一封信給宇宙、月亮或指導靈，陳述你的理想伴侶條件。

四、將你的名字刻在蠟燭上，代表你自己。手指沾你的唾液塗抹在剛剛刻字的地方，將你的能量封存到蠟燭裡。每種精油（玫瑰、依蘭依蘭、香草）和蜂蜜都取一滴來塗抹兩根蠟燭。在蠟燭上都均勻抹上玫瑰和洛神花粉末。

五、將信放在盤子上,蠟燭放在兩邊,刻痕要面朝另一
　　根紅蠟燭。在中間放上一塊粉晶,接著點亮蠟燭,
　　口唸咒語:

　　　　來到我身邊,我呼喚你過來。

　　　　我召喚你,真誠的愛情。

　　　　你具備我渴望的特質,

　　　　給予我承諾、豐盛與更好的一切。

六、現在大聲誦讀你的信件。專注在所有你渴望的個性
　　特質,成為你的夢中情人具備的特質。完成,吹熄
　　蠟燭,將願望之煙吹入宇宙。每天的金星時間都重
　　新點燃蠟燭,並觀想戀人走向你。

實作3 回歸真我咒

有時候，社會環境會把框架硬是加諸在你身上，讓你無法做真實的自己。以下的咒術能夠幫助你回歸真我，做最真實的你自己。

你會需要：

一盆蘭花

你的相片，放在相框中

一支白色蠟燭

四顆白水晶

一面鏡子

額外建議：

- **最佳時機：**新月於星期三、星期五、星期六或星期日；當天的水星時間；月亮落在牡羊座、獅子座、天秤座或水瓶座。

- **衣著**：你最愛的服裝。

- **薰香**：你最愛的薰香。

- **神靈**：莉莉絲或葉瑪亞。

- **肯定句**：「我真實呈現自己。」

執行咒術：

一、將蘭花放在祭壇中間，蘭花前方放你的相片，而白
　　色蠟燭放在相片前面。將白水晶圍著蠟燭擺放。

二、托著其中一朵蘭花，口唸咒語：

> **蘭花蘭花——異國之花、獨特之花，**
>
> **我的真我，出來說話，**
>
> **活出真我，此刻開始。**

三、點燃蠟燭，口唸咒語：

> **黑暗的夜晚中，我綻放萬丈光芒。**
>
> **我呼喚真我回歸、綻放、活出自由。**

四、蠟燭燒盡後，將白水晶放入蘭花盆栽中，再將蘭花
　　盆栽放在你可以從鏡子看到的地方。每次看著鏡中
　　的自己時，都呼喚蘭花幫助你活出真我。

實作4 好孕到來咒

這個咒術有助生育，當然，也可以用於想要領養小孩的家長身上。

你會需要：

一滴依蘭依蘭精油

一支綠色蠟燭

環境友善的雲母片

一顆月光石滾石

一棵種植在花園裡的樹，或是一盆室內植物

額外建議：

- **最佳時機**：新月於星期一、星期五或星期六；當天的月亮時間、金星時間或土星時間；月亮落在金牛座、巨蟹座或摩羯座。

- **衣著**：粉紅色或綠色。

- **薰香：**玫瑰、茉莉或薰衣草。

- **神靈：**阿芙蘿黛蒂／維納斯或南納／辛。

- **肯定句：**「我的生育能力非常旺盛。」

執行咒術：

一、塗抹一滴依蘭依蘭精油在蠟燭上，灑上一些雲母。
　　點燃燭芯，將月光石放在蠟燭底部，口唸咒語：

藉由月亮之魔力，我召喚體內的生育力。

二、坐著並觀想懷孕、生產和未來孩子的臉龐——觀想
　　任何代表你想成為家長的心願畫面。吹熄蠟燭。每
　　天重新點燃蠟燭並對著蠟燭冥想，直到蠟燭燒盡。

三、把燒盡後剩下的蠟收集起來，一起帶著月光石到戶
　　外庭院的樹下，或是室內的盆栽旁。在土壤裡挖個
　　洞，準備將蠟埋進去。拿著月光石，口唸咒語：

大地之礦，月亮之石，即刻送來嬰兒給我。

將水晶和剩下的蠟埋入土壤。繼續照料這棵樹或盆
栽，照料的過程也都要在腦海中想像你心目中的家
庭逐漸成真。

實作5 求職咒術

這是我很喜歡的求職咒術。

你會需要：

你的履歷表

大釜或防火碗

一支綠色或金色的錐形長蠟燭

一支牙籤

檸檬精油

額外建議：

- **最佳時機：** 新月於星期四或星期六；當天的木星時間
  或土星時間；月亮落在射手座或摩羯座。
- **衣著：** 綠色或金色。
- **薰香：** 檀香。

- **神靈：**南納／辛或葉瑪亞。
- **肯定句：**「我擁有最佳的工作。」

執行咒術：

一、輕輕把履歷表對折，點燃履歷表後，丟進大釜，口
　　唸咒語：

> **願火焰之力，助燃我願望，尋得好工作。**
> **願我的條件藉由風之力，飄進宇宙顯化成真。**

二、用牙籤在蠟燭刻下自己的名字，轉過來，在反面刻
　　下「職涯」兩個字。

三、用拇指沾點唾液，塗抹在刻痕處，將你的能量封存
　　到蠟燭裡。用檸檬精油塗抹蠟燭後，在履歷表燃燒
　　後的灰燼裡滾動沾滿灰燼。點燃蠟燭，並將意念專
　　注於找到新工作，專注於自己收到面試通知，想像
　　自己得到夢想的工作。點燃蠟燭，口唸咒語：

> **藉此火光，我吸引報酬滿滿的職業。**

四、讓蠟燭燒盡。之後，將你的履歷表寄給任何你有興
　　趣的公司，並信任最好的工作很快就會找上你。

實作6 增強勇氣咒

從青春期開始到二十歲出頭的年紀，我是非常害羞靦腆的人，很害怕踏出第一步，第一位回答問題，或是踏出舒適圈嘗試新事物。增強你的勇氣且敢於冒險，能讓你的人生有更多體驗。這個咒術會要你製作魔咒袋，隨身攜帶，吸引精采的冒險經驗和雄心壯志。

你會需要：

一顆虎眼石　　　　　　一個橙色的布袋

乾燥薄荷　　　　　　　肉桂精油

一片月桂葉

額外建議：

- **最佳時機**：新月於星期二或星期日；當天的火星時間或太陽時間；月亮落在牡羊座或獅子座。
- **衣著**：紅色、橙色或金色。

- **薰香**：檀香。
- **神靈**：阿提米絲／黛安娜。
- **肯定句**：「我很勇敢。我敢於冒險。我踏出我的舒適
  圈。」

執行咒術：

一、把所有材料都放在祭壇上。跟每一項材料訴說你的
　　願望，請它們協助這次的魔法儀式，激發你內在的
　　勇氣和冒險精神。

二、把水晶、薄荷、月桂葉放入袋中，將袋口打開對著
　　你的嘴巴。觀想自己成為最有冒險精神、滿腔熱血
　　的自己，並吹一口深沉但緩慢的氣息進入魔咒袋之
　　中，賦予你的願望生命力。

三、將魔咒袋綁緊，在布袋上塗抹肉桂精油。隨身攜帶
　　魔咒袋，每週塗一次肉桂精油滋養它的能量，讓冒
　　險精神再度為魔咒袋充能。

實作7 新月占卜儀式

許下心願中的一個環節就是要確保你走在正確的方向上。女巫和巫師通常都會透過占卜來判斷未來會發生什麼事。我們會呼喚新月的黑暗魔力，在碗裡製作黑色的水，作為讓你凝視的器皿。凝視占卜法（Scrying）是透過凝視某個物件，針對某件事而獲得神聖指引。這些指引通常都會在你處於出神狀態時，以腦海中的想法或畫面閃現而呈現。

你會需要：

兩支黑色長蠟燭

一碗水

一束白玫瑰（選擇性）

黑色印度墨汁

一顆黑色的月光石滾石

額外建議：

- **最佳時機**：新月於星期一；當天的月亮時間；月亮落
  在巨蟹座、天蠍座或雙魚座。

- **衣著**：黑色。

- **薰香**：檀香。

- **神靈**：黑卡蒂或莉莉絲。

- **肯定句**：「黑夜之中，我魔力充沛且清晰洞見我的未
  來。」

執行儀式：

一、布置好你的祭壇，兩支黑色長蠟燭分別在水碗的左右兩側。如果你有準備白玫瑰，就將插著白玫瑰的花瓶放在碗的後方。將墨汁放在旁邊備用。

二、以第二章描述的方法，畫出魔法圓，創造神聖空間。

三、魔法圓建立完成後，讓能量扎根接地，收攝心念，進入冥想狀態。準備好後，倒五滴黑色墨汁在水裡，口唸咒語：

暗影之夜，重生之夜，
我要求墨汁與水幫助我，展示我需要洞見的一切。

四、將你的黑色月光石舉向天空，口唸咒語：

新月之礦協助我，揭示我需要洞見的一切。

五、將水晶放入黑色的碗中。呼喚你的指導靈，你的高
我或是象徵奧祕智慧的男神／女神，例如莉莉絲或
黑卡蒂女神，協助你穿越黑暗。發自內心與他們溝
通，或誦讀你為這次儀式所寫的祈請文。

六、凝視水面，思考你在這次新月想要顯化的意圖。讓
你的意識漂泊，並注意腦海中浮現的任何靈感、想
法或畫面。

七、儀式完成後，將碗拿到戶外，同時帶上一支玫瑰。
將水往地面倒（印度墨是無毒和環保的墨汁）。把
玫瑰放在濕漉的地面上，獻給你呼喚前來協助的指
導靈或神靈。繼續過你的生活，並記錄儀式過程中
浮現的任何徵兆或訊息。

實作8 遷移咒術

有時候我們會感覺自己跟所在地區格格不入。有時候則是知道自己不適合現居地點，需要遷移到更適合生活的地方。無論你是否在找新公寓、購屋買房，甚至是想要搬去一個未知的城市、州或國家，這個咒術會幫助你搬遷到讓你感覺內心被呼喚的地區。

你會需要：

一支麥克筆

一張有你目前位置和想要遷移的地點的地圖，如果還不

知道，則可以使用世界地圖

一塊磁鐵

一顆黃鐵礦

一支黃色長蠟燭和燭台

零陵香豆精油

環境友善的金色雲母片

額外建議：

- **最佳時機：**新月於星期三、星期四或星期六；當天的
  水星時間、木星時間或土星時間；月亮落在雙子座或
  射手座。
- **衣著：**黃色、金色或棕色。
- **薰香：**琥珀或乳香。
- **神靈：**阿提米絲／黛安娜、南納／辛或孔蘇。
- **肯定句：**「我會住在屬於我的地方。」

執行咒術：

一、把所有材料都放在祭台上，進行第二章所寫的儀式準備工作（參見74頁）。

二、在地圖上，找到你目前的位置，用麥克筆畫一個減號作爲標記。並在你想遷移的地點畫一個加號標記。這兩個符號能夠帶來正面和負面的效果，讓你能夠遷居到夢想的地區。如果你尚不清楚要搬去哪裡，那麼就不用在地圖上標註加號。

三、拍手並大力搓揉雙手產生靜能。過程中想像能量從月球降下，注入雙手。現在將磁鐵放在手掌之間，雙手合十。爲磁鐵注入魔力，口唸咒語：

磁鐵磁鐵，引領我到新家園。

我請求新的道路呈現出來。

無論遠近，指引我如北極星。

四、將磁鐵放在加號標記的上方，再將黃鐵礦疊在磁鐵上。如果你不清楚你想搬去哪裡，就將磁鐵和黃鐵礦放在地圖之外，北方的位置。將插著黃色長蠟燭的燭台直接放在磁鐵和黃鐵礦的後方（以你的現居地點為視角來看）。用零陵香豆精油塗抹蠟燭，並灑上金色雲母片。準備好後，點燃蠟燭口唸咒語：

> **黑夜之中的神聖火光，**
>
> **成為火炬指引我目光。**
>
> **遷居到我的天命之所在，**
>
> **造福一切但主要造福我。**
>
> **意志實現，如所祈願。**

五、讓蠟燭燒盡。將地圖放在祭壇上，磁鐵也繼續放在加號標記上面。定期在地圖前靜心冥想你的目標，讓遷居的願望實現。

實作9 呼喚力量動物

有些巫師和女巫都有所謂的使魔（familiar）——力量動物，無論是活的還是過世的動物。力量動物不只跟巫師相連，也會協助他們進行魔法儀式。力量動物不只是寵物而已，牠們是魔法夥伴。

你會需要：

一張你喜歡的動物照片（選擇性）

一支白色蠟燭，放在罐子裡

四顆單尖紫水晶

檀香精油

額外建議：

- **最佳時機：** 無論月相、日期、行星時間或月亮落在哪一個星座，這個咒術任何時刻都可以進行。

- **衣著：** 動物印花能夠連結你渴望的力量動物。例如，

蛇紋印花連結蛇的能量，貓的印花連結貓的能量，人造皮草也可以。或是，你也可以裸體進行咒術。

- **薰香**：賽巴巴香。
- **神靈**：任何一位都可以。
- **肯定句**：「我的力量動物與我相連。」

執行咒術：

一、如果你已經對某種動物特別有感應，那就使用該動物的照片，並壓在罐子下面，罐子裡插著白色蠟燭。

二、將四顆紫水晶圍著白蠟燭，按照四個方位擺放，紫水晶的尖端朝向蠟燭。用精油塗抹蠟燭，點燃後，口唸咒語：

> **新月的豐盛魔力，我請求你，**
> **為我帶來力量動物。**
> **願祂出現。**
> **讓我們得以共同合作、彼此相連。**

三、觀想你的力量動物正走向你，並且每天都點燃蠟燭和觀想，直到你遇到力量動物。

第 4 章

眉月：開始行動

當月相來到眉月，適合專注於行動，朝向目標筆直前進。

此時，月亮也開始盈凸，所以我們一定要採取行動並向目標前進！

假如你在新月時種下豐盛的種子，

你應該要持續在靜心中冥想你的願望、口唸肯定句、進行觀想。

但是也要務實一點，在現實生活中具體行動。

如果你在新月時沒利用新月能量來許下心願，

也別懊悔，你可以直接採取行動、堅持願望。

魔　藥

咒術／儀式／慶典

採取行動

　　無論你是不是從本章節的咒術中選一個來進行，又或者你進行自創的咒術，甚或只是單純每天冥想感受眉月的能量、口唸肯定句，重要的是你要向前邁進，並專注於實際行動，才能更靠近你的目標。花點時間寫下並反思，爲了實現心願，你要採取什麼行動。這些行動都得是實際的作爲。例如，「我已經應徵工作」、「我開始使用交友軟體」、「我現在會留時間給自己」。

_____

_____

_____

_____

_____

　　本章節中，我提供一種魔藥以及八項咒語儀式，協助你採取行動，朝向目標。每一項儀式都會包含肯定句，讓你「說」出來並觀想畫面，以便吸引豐盛。

實作 1 **眉月魔法茶**

這個魔藥是我自己的手工香料茶配方。想到香料茶，就想到辛辣和香甜的茶味，這些材料可以激發行動的能量，非常適合有關實際行動的意圖。這個配方的分量通常是六份，因為眉月大約持續六天。因此，將剩餘的茶放在冰箱裡，眉月時的每天晚上都喝一杯。

你會需要：

兩根肉桂

六顆小荳蔻

十顆丁香原粒

一茶匙黑胡椒粒

缽和杵

一茶匙的現磨薑末

六杯水

一杯紅茶葉

一條香草莢

額外建議：

- 任何一天中的月亮時間是最好的製作時間。
- 熱熱喝，才能激發所需的行動力。

製作魔藥：

一、把肉桂、荳蔻、丁香和黑胡椒放入研缽中輕輕研磨，讓它們散發香氣。將磨完的材料放進平底鍋，加入薑末和水。小火煨煮十分鐘。

二、將紅茶加入水中，關火。

三、將香草莢對切後剝開，你會看到裡面有黑色香草粉，香氣逼人。將粉末刮進鍋中並攪拌。讓香料茶泡五分鐘，偶爾順時針攪拌，觀想你的意圖和行動計畫都注入茶中。

四、過濾香料茶。對著月亮冥想靜心、觀想或是在眉月期間進行咒術時，都可以飲用。

實作2 增強自信沐浴咒

我很喜歡儀式浴，而這個沐浴咒則會帶來魔力光輝，強化自信。

你會需要：

三支橙色蠟燭　　　　一茶匙結晶蜂蜜

三支粉紅色蠟燭　　　三滴橙花精油

肉桂精油　　　　　　三滴零陵香豆精油

可被自然分解的雲母　一支珊瑚色或橙色玫瑰

四顆大顆的粉晶原礦　一顆虎眼石滾石

兩湯匙奶粉

額外建議：

- **最佳時機**：眉月於星期二、星期五或星期日；當天的火星時間、金星時間或太陽時間；月亮落在牡羊座、獅子座或天秤座。

- **衣著**：裸體。

- **薰香**：檀香。

- **神靈**：阿芙蘿黛蒂／維納斯或阿提米絲／黛安娜。

- **肯定句**：「我綻放自信光彩。」

眉月

執行咒術：

一、用精油塗抹每支蠟燭，並在雲母片裡滾動，沾滿蠟燭。將蠟燭擺在浴室，擺放成你滿意的布置。

二、在浴缸內的四個角落各放一塊粉晶，將能量定錨於浴缸。

三、放水注入浴缸，加入奶粉、結晶蜂蜜、三滴橙花精油和零陵香豆精油。將玫瑰和虎眼石放在從浴缸裡拿得到的位置，接著進入浴缸。

四、雙手合十握著虎眼石，置於胸前。口唸咒語：

自信之石虎眼石、力量之石虎眼石，

你的魔力借給我。

讓我活出全然自信。

五、鬆手讓虎眼石掉進浴缸中。現在，拿起玫瑰，慢慢
　　摘下每一片花瓣，鬆手讓花瓣自然掉落到水中，同
　　時口唸：

藉此玫瑰之美麗，綻放更有自信的自己，

透出全然魅力與優雅。

六、在浴缸中好好放鬆，並專注於增強中的信心，並好
　　好吸收這滿滿神聖能量的沐浴水。當你覺得泡夠了
　　之後，起身並帶著自信過生活。

實作3 熊熊烈火熱情咒

如果你想要生活充滿熱情，這個咒術完全適合你！這個咒術是針對你和你的伴侶，藉由魔法激發你們之間的火花，採取行動並「製造行動」。

你會需要：

一張紙條

一支筆

乾燥洛神花

廣藿香

乾燥蘭花根

一支尖銳的雕刻小工具

（例如螺絲起子）

一支紅色蠟燭，代表伴侶

肉桂精油

第二支蠟燭（不拘形狀

顏色），用來封蠟

一顆石榴石

一只碟子

紅玫瑰

一個紅色緞面束口袋

額外建議：

• **最佳時機**：眉月於星期二或星期五；當天的火星時間
　或金星時間；月亮落在天蠍座。

• **衣著**：緞面長袍、貼身內衣、紅色的衣物或裸體。

• **薰香**：麝香及廣藿香

• **神靈**：莉莉絲。

• **肯定句**：「伴侶與我，熱情如火。」

執行咒術：

一、在紙條上寫下你的願望。因為是小紙條，你可以在一面寫上「連結」，在背面寫上「熱情」。將紙條捲成一小捲後，先放在一旁。

二、將草藥研磨混合。在紅色蠟燭底部的燭芯附近刻洞，大約一公分深。將捲起來的小紙條和藥草粉末填入紅蠟燭底部的洞裡，再往洞裡滴六滴肉桂精油。

三、點燃第二支蠟燭，用融化的蠟液封住紅蠟燭底部的洞口。讓蠟液稍微凝固，但不用等到完全凝固。吹熄第二支蠟燭，擺到一旁。

四、將石榴石放在碟子上的剩餘草藥中間，把紅色蠟燭未完全凝固的底部牢牢往下壓住石榴石。慢慢順時針旋轉蠟燭，讓蠟燭的底部沾黏住碟子的藥草粉末。蠟燭底部最後會是平的，而蠟燭裡有嵌入願望紙、水晶和藥草粉。

五、在紅蠟燭由底部往上刻下伴侶的名稱。如果你知道
　　生辰或個人資訊（有助於連結對方能量），也可以
　　刻在蠟燭上。

六、紅蠟燭置於碟子中間，用肉桂精油塗抹在蠟燭中
　　間。在碟子周圍用紅玫瑰花瓣環繞一圈，注意要遠
　　離蠟燭以防著火。

七、點燃蠟燭，觀想你渴望的熱烈之情，並唸誦以下咒
　　語：

藉此火焰之魔力，燃我渴望之熱情。

八、你可以讓紅色蠟燭完全燒盡（會花點時間），或是
　　在你覺得可以結束的時機吹熄蠟燭，之後每天點燃
　　蠟燭，每次一個小時，直到蠟燭澈底燒完。當蠟燭
　　燒完後，將剩下的蠟液、花瓣、藥草都裝進緞面束
　　口袋，再將魔咒袋放在床墊底下。

實作4 讓人注意咒

這個咒術適合想要採取行動，以博人注意的人使用。無論是出於膚淺的原因，還是要吸引你暗戀的對象，甚或是想要公司注意到你辛勤工作，我們在某些時候都想要被關注。

你會需要：

五支粉紅色蠟燭

一張你最愛的照片（自己）

埃及麝香油

銀蔥膠

可被自然分解的金色雲母片

一顆黃鐵礦

額外建議：

- **最佳時機**：眉月於星期五或星期日；當天的金星時間或太陽時間；月亮落在獅子座或天秤座。
- **衣著**：粉紅色、金色或銀色。

- **薰香**：賽巴巴香。
- **神靈**：阿芙蘿黛蒂 / 維納斯或莉莉絲。
- **肯定句**：「我被他人看見，並吸引我想要的關注。」

執行咒術：

一、用埃及麝香油塗抹五支粉紅色蠟燭，並在蠟燭頂端
　　綴上金色雲母。

二、將蠟燭在你周圍圍成一圈。用銀蔥膠在照片上以順
　　時針畫一個圈繞著自己。完成後，將黃鐵礦放在中
　　間。口唸咒語：

我綻放光芒，我散發月光。

三、觀想你的氣場光芒四射，綻放滿滿的能量。開始
　　不斷誦唸「關注我」，能夠增強咒術的能量。結束
　　後，吹熄所有的蠟燭。

四、將塗了銀蔥膠的相片放在祭壇中央，用蠟燭包圍起
　　來。時常點燃蠟燭，或是在你需要多一些關注時點
　　燃蠟燭。如要增加魅力，出門前可在耳後塗抹一點
　　埃及麝香油。

實作5 加速進行咒

多數時候，最好是讓咒術自行運作，並不要干擾咒術發生的時間點，因為線性的時間觀只是人類創造出來的概念。然而，如果遇到有日期壓力的事情時，這個咒術可以將月亮的魔力放到最大，以求速效。

你會需要：

肉桂	一張紙
黑胡椒	炭餅
辣椒	大釜或大的防火碗
一支筆	一支紅色蠟燭

額外建議：

- **最佳時機**：眉月於星期二；當天的火星時間；月亮落在牡羊座或天蠍座。
- **衣著**：紅色。

- **薰香**：乳香。

- **神靈**：孔蘇。

- **肯定句**：「我會盡快得到我想要的答案。」

執行咒術：

一、將所有的香料磨成粉末。

二、在紙上寫下你的意圖，即你希望得到速效的狀況。
　　將紙輕輕折起來，別壓緊。

三、將炭餅放在大釜或碗裡，點燃炭餅後，將藥草粉灑
　　在炭餅上。

四、將折起來的願望紙來回穿透煙霧，口唸咒語：

藉由風與火之魔力，

請求月亮加速實現我心願。

五、現在，點燃願望紙，丟進大釜燃燒。靜心冥想，想
　　著你的目標很快就會實現。一旦炭餅燒完冷卻了，
　　你也結束儀式後，將灰燼跟殘渣往風中撒去，口唸
　　咒語：

願我之咒，隨風飄揚，速速成效。

實作6 踏出第一步

行動的重要環節就是信心滿滿地朝目標前進。這個咒術會需要製作一瓶魔法油，以及一條擴香串珠手鍊。

你會需要：

分餾椰子油

一只約四毫升的小瓶子

少量橙花精油

少量玫瑰精油

少量依蘭依蘭精油

一滴肉桂精油

薔薇輝石珠

黃鐵礦珠

三顆火山岩石

彈性串珠繩

額外建議：

- **最佳時機：**眉月於星期二或星期日；當天的火星時間或太陽時間；月亮落在牡羊座或獅子座。
- **衣著：**紅色、橙色、黃色或金色。

- **薰香：**玫瑰。

- **神靈：**阿提米絲／黛安娜。

- **肯定句：**「我自信滿滿，追逐我想要的一切。」

執行咒術：

一、首先，將分餾椰子油倒入瓶中，約瓶身一半的量即可。接著平均加入橙花精油、玫瑰精油、依蘭依蘭精油，最後加一滴肉桂精油。蓋上瓶蓋後，搖晃均勻，口唸咒語：

> **魔法油，協助我找到內在自信。**
>
> **讓我踏出第一步，如所祈願。**

二、你的串珠手鍊的珠子顆數要偶數，珠子分成兩組。先串第一組，交錯串入薔薇輝石和黃鐵礦珠。接著，串入三顆火山岩石珠，接著串第二組，同樣交錯串入薔薇輝石和黃鐵礦珠。將串繩綁緊，口唸咒語，祝福手串：

> **大地之礦，灌注我自信。**
>
> **讓我踏出第一步，如所祈願。**

三、用魔法油塗抹三顆火山岩石珠，結束儀式。

實作7 少女月神儀式

這個儀式會敬拜神聖的月亮女神，也就是三相女神中的少女神。她與行動有關，通常也被認為是富有好奇心的女性原型力量。她充滿抱負熱情，富有生命力。

另一位著名的月亮女神是阿提米絲／黛安娜，她是狩獵和眉月女神。眉月時可以選擇敬拜阿提米絲／黛安娜，而非三相女神中的少女神，因為阿提米絲／黛安娜可以跟你的願望有更深的共鳴。甚至是莉莉絲或黑卡蒂女神也適合這個儀式，因為這兩位也都有少女的面向。你可以依照個人需求或針對你目前有連結的神靈，彈性調整儀式流程。

你會需要：

少女月神的象徵物（雕像、裱框的相片、藝術品等等）

一支黑色長蠟燭

一支白色或銀色長蠟燭

一盆新鮮的白色花束，例如康乃馨、玫瑰、梔子花或百

合花

一個碗

一份牛奶

一顆月光石滾石

額外建議：

- **最佳時機：**眉月於星期一；當天的月亮時間；月亮落
  在巨蟹座。

- **衣著：**白色、粉紅色、桃色或粉彩色。

- **薰香：**琥珀、玫瑰或檀香。

- **神靈：**阿提米絲／黛安娜。

- **肯定句：**「我榮耀少女月神。我榮耀她在我之內的倒
  影。」

執行咒術：

一、調整你的祭壇擺設，把少女月神的象徵物放在中央。將黑色長蠟燭放在左側，白色或銀色長蠟燭在右側。花束置於少女月神象徵物後方，將碗置於前方。

二、邀請少女月神來到你的儀式空間。閉上雙眼，向上敞開雙臂，呈「Y」字型，朝向月亮。呼喚她降臨此處，口唸咒語：

> 處女月神綻放光芒，黑夜之中的牛奶白
>
> 空中跳舞，眉月少女，即將綻放
>
> 帶著行動力與抱負心，
>
> 與我同在這魔法之夜映照你能量在我身上，
>
> 此時與此刻，慶祝你降臨。

三、將牛奶倒入碗裡，把月光石放入牛奶之中。現在，拿起一支白色花朵，一片一片將花瓣摘下落入牛奶中。摘下每一片花瓣時，要想著你爲了顯化豐盛，正在採取的行動。

四、將碗高舉空中朝向月亮，作爲供品，以你的方式獻給少女月神。在冥想中觀想你內在的少女月神面向，大步向前，追求豐盛。

五、結束儀式，將碗帶到戶外。在月光下把碗內的東西倒到地上，獻給少女月神。撿起月光石，將它放在枕頭下，協助你做預知夢並洞見未來，進而協助你採取收穫豐盛的行動。

眉月

實作8 化解衝突咒

無論你有多少顆魔法水晶或多少把淨化鼠尾草，你仍會在某些時刻遭遇障礙。這個咒術能夠幫你掌控局面，並化解負面障礙。

你會需要：

一支黑色長蠟燭和燭台

一支白色長蠟燭和燭台

一張紙

一支筆

一顆螢石

一把尖銳的刀

蜂蜜

額外建議：

- **最佳時機**：眉月於星期五或星期六；當天的金星時間或土星時間；月亮落在金牛座、天秤座或摩羯座。

- **衣著**：黑色和白色。

- **薰香**：玫瑰。

- **神靈：**阿芙蘿黛蒂／維納斯。

- **肯定句：**「『人名或事件』與我維持和諧平靜。」

執行咒術：

一、布置好你的祭壇，黑白蠟燭兩兩並排。

二、在紙上寫下你的姓名，姓名下方寫下你要化解衝突
　　的狀況或對方姓名。將紙放在蠟燭之間，再將螢石
　　放在紙上。

三、將黑色長蠟燭倒轉過來，用刀削掉底部的蠟，露出
　　底部的燭芯，將黑色蠟燭反著插入燭台。用一點蜂
　　蜜塗抹白色蠟燭。點燃兩支蠟燭，口唸：

願黑暗之中綻放光明與和諧，

願和諧能量降臨我與「事件或人名」。

四、讓蠟燭燒盡，將殘留的蠟液和螢石用紙包住。將包
　　住的蠟液和螢石埋進你和對方常經過的地方，或是
　　埋進你常發生該衝突事件之處。當你遇到跟你有衝
　　突的對方，或發生該衝突事件，要記得這個衝突已
　　化為塵土。

實作9 開路咒

這個咒術是我參考胡督（hoodoo）的傳統「開路儀式」（road opener），改編成個人版本。這個咒術的目的，是要破除擋在前方的阻礙或困境，打開通往成功的道路。

你會需要：

一把刀或牙籤一支

一根黃色圓柱蠟燭

一瓶開路油（成分有檀香、梔子、香草各一份）

黃鐵礦粉末

防火盤或大釜

四片月桂葉

四把骷髏頭鑰匙（在手工藝品店很容易買到）

檸檬皮

一支白色或黃色的玫瑰

額外建議：

- **最佳時機**：眉月於星期三、星期四或星期日；當天的水星時間、木星時間或太陽時間；月亮落在雙子座、處女座或射手座。
- **衣著**：黃色、橙色或金色。
- **薰香**：檀香。
- **神靈**：黑卡蒂。
- **肯定句**：「道路之門開啓，新的機會到來。」

執行咒術：

一、在黃色蠟燭上雕刻鑰匙的外型，並用開路油塗抹蠟燭。

二、將黃鐵礦粉末放在盤子中央。用點火器稍微燒蠟燭底部，讓蠟軟化後，用蠟燭往黃鐵礦粉壓上去，讓粉末可以沾進蠟燭底部的蠟液。過程中口唸咒語：

　　　　神聖黃鐵礦，
　　　　我請求你協助我吸引新的機會和成功。

眉月

三、拿著月桂葉，口唸咒語：

神聖月桂葉，

我請求你協助我

為新機會和成功的到來鋪路。

在每一片月桂葉上滴一滴開路油，並將葉片圍繞在
蠟燭旁，每一片葉子的葉尖都朝向四個方位：北、
南、東、西。

四、拿著四把骷髏頭鑰匙，口唸咒語：

開路之鑰，

我請求你打開機會大門，

為我開啟成功之門。

用開路油塗抹鑰匙，觀想你想要的機會和成功出
現。

五、將檸檬皮以順時針方向灑在蠟燭底部，口唸咒語：

神聖檸檬，我請求你帶來新的機會和成功。

六、拿起新鮮的玫瑰花，摘掉蒂頭，手中拿著一疊花
　　瓣，以順時針的方向，灑在盤子周圍，口唸咒語：

純潔玫瑰、白色玫瑰帶來新的開始，
我請求你協助我的生活，
萌芽新的機會和成功。

七、坐下來並冥想你的成功之路正在打開。等到你準備
　　好了，吹熄蠟燭。每天重複七步驟，直到蠟燭燒
　　盡。最後將殘餘的蠟和材料埋進土裡。

眉月

第 5 章

上弦月：做出決策

上弦月時，月球可見的表面剛好是月球的一半。

這樣半亮、半暗的階段是特殊的時機，帶來陰陽相極的能量。

如同十字路口，此時也是開始做出決策，跟你的意圖整合的最佳時機。

上弦月的月相很短，在七天的眉月之後，上弦月只有一天。

所以，一定要上弦月的當晚進行儀式。

查看日曆或在網站上查月曆，

確定你的時區中哪一天、什麼時候會出現上弦月。

魔 藥

咒術／儀式／慶典

堅定你的決定

　　一定要確定你有實踐具體作為，遵從你灌注魔力後的意圖。用以下的空格，寫下為了實現願望，你做出的決定，或是寫下你難以決策的事情。舉例來說，「我已經決定要離職」、「我難以做出健康的選擇」。要記得，你在日常生活中朝向目標所踏出的每一步，都會讓你的魔法更有力量。

_____

_____

_____

_____

_____

　　反思你能夠持續堅持的決定，反思任何能讓你繼續顯化豐盛的因素。若你覺得目前有點偏離正軌，利用此月相來施咒，幫助你做出正確的抉擇。接下來的月亮魔藥和八項咒術，都能協助你做出正確的抉擇。

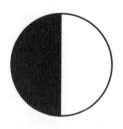

實作1 半月薰衣草拿鐵

由於是半月的上弦月，我們要將咖啡和茶混合，模仿月亮半亮、半暗的陰陽相極能量。咖啡和薰衣草能夠刺激心智，協助我們做出清明的決定。杏仁和柳橙是豐盛的吸引器，同時幫助我們保持警覺。

你會需要：

兩到三片柳橙皮

水

一到四小杯的義式濃縮或濃萃咖啡

兩茶匙的薰衣草糖漿

一七〇公克的杏仁奶

一撮可食用玫瑰花瓣

額外建議：

- 與其從商店買來薰衣草糖漿，不如自己做。在平底鍋中，加入一杯水、一杯糖、三湯匙的烹飪用薰衣草。開火煨煮十分鐘，直到糖漿變得濃稠。過濾後倒入密封容器，挑掉殘留的花屑，並將糖漿放進冰箱冷藏保鮮。
- 由於月亮的魔力正在增長，所以將魔藥加熱來喝，可以激發成長所需的能量。

製作魔藥：

一、將柳橙皮加到一鍋水中，開火煮滾後，關火燜一小時。將柳橙皮茶過濾後，分裝到可密封的容器中。

二、將咖啡倒入你的馬克杯，加入兩茶匙的薰衣草糖漿、兩茶匙的柳橙皮茶。順時針攪拌，如同你在模仿月亮的週期變化。

三、將牛奶加熱，倒入馬克杯。再次攪拌，將玫瑰花瓣灑在拿鐵上。

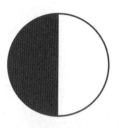

實作2 祈求徵兆咒

做決定的時候，我們有時候會猶豫不決，所以此時可以祈求黑卡蒂女神，請求她的協助。如果你不想祈求黑卡蒂的協助，你可以在祈請文中把她的名字替換成月亮女神的通稱，或是其他與你合作的神靈。

你會需要：

一把鋒利的切割刀

一顆紅蘋果

兩滴蜂蜜

兩片月桂葉

兩根大頭針

兩把骷髏頭鑰匙（在手工藝品店很容易買到）

四枚硬幣（任何面值都可以）

一小瓶紅酒

額外建議：

- **最佳時機**：上弦月於星期三、星期四或星期六；當天的水星時間、木星時間或土星時間；月亮落在處女座、射手座或摩羯座。
- **衣著**：黑色和白色。
- **薰香**：乳香。
- **神靈**：黑卡蒂。
- **肯定句**：「我會知曉正確的道路。」

執行咒術：

一、找到一個十字路口。依據你的所在地區，你可能會找到傳統的十字路口或三叉路口。如果你跟我一樣居住在城市裡，你可能會找到有六條道路的路口。確定你找到的路口是否容易抵達，並且晚上一個人待在路口時很安全，也要遠離車流進行咒術（例如在人行道上）。

二、打包好你的道具材料，抵達路口。抵達時，先畫一個五芒星。將慣用手放在前額，往下劃至左胸，再到右肩，再到左肩，接著到右胸，最後回到前額。

三、將蘋果橫著切一半，你會看到蘋果中間的五芒星。在各半顆蘋果中間的五芒星，各滴一滴蜂蜜，各放一片月桂葉，並用大頭針將月桂葉釘在蘋果上。將蘋果放在前方地面，兩兩並排放好。

四、在兩個半顆蘋果的中間，放上兩把鑰匙，擺成十字型。將四枚硬幣放在鑰匙的四個直角處，硬幣環繞鑰匙。

五、拿起紅酒舉向月亮，呼喚黑卡蒂女神，口唸咒語：

三叉路口的月亮女神，黑卡蒂，

此刻我呼喚你，借你的魔力，

幫助我做出決定，

解決「你想要獲得答案的任何一件事情」。

願你接受這些神聖供品，請賜予我徵兆，

指引我走向正確的道路。

六、喝一口紅酒後，將紅酒倒在你前方的鑰匙上。拿起兩半的蘋果，認真思考你目前遇到的抉擇。如果你在三叉路口，將蘋果各自丟向前方不同的兩條道路。如果你在十字路口，或是有更多道路的路口，就將蘋果丟向對向的兩條道路。

七、禮敬月亮，獻上感謝。注意生活中的徵兆，你會知道那是你需要的答案。相信你的直覺，並走向指引你的方向。

上弦月

實作3 身心健康咒

這個咒術能夠協助你培養健康的生活習慣。

你會需要：

一把雕刻刀

一顆馬鈴薯

一支藍色蠟燭，裝在罐子裡

一顆土耳其石滾石

一份高約翰的根

健康魔法油

（少量橙花精油、少許黑

胡椒、三滴薄荷精油）

額外建議：

- **最佳時機：**上弦月於星期四、星期五或星期六；當天的木星時間、金星時間或土星時間；月亮落在天秤座、射手座或摩羯座。
- **衣著：**藍色或紅色。
- **薰香：**龍血。

- **神靈**：阿芙蘿黛蒂／維納斯。

- **肯定句**：「我很快樂、健康、自在。」

執行咒術：

一、在馬鈴薯上挖一個洞，洞的大小要適合放入土耳其石和高約翰的根。製作時，意念專注於自己為了健康而要投入的時間心力。

二、點燃藍色蠟燭，在冥想中想像更健康的自己，專注思考你能怎麼做才能更加健康。讓蠟燭燒盡，累積大量的蠟液。

三、將土耳其石和高約翰的根塞入馬鈴樹的洞裡，持續專心想著健康的自己。現在，滴五滴健康魔法油在洞裡，然後將燃燒後的蠟液倒入封住洞口，接著等待蠟液冷卻凝固。

四、走到不受打擾、安全的戶外地點。在地上挖一個洞，將整顆馬鈴薯埋進去。埋的過程中，口唸咒語：

> 夜空中的半月，
>
> 幫我下定決心，健康又自在。
>
> 我歡迎健康的自己，並掩埋所有壞習慣。

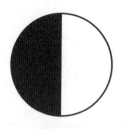

實作4 思緒清明咒

當你需要一點心智清明的時候，就可以進行這項簡單的咒術。

你會需要：

一顆枕頭

一張瑜伽墊（選擇性）

一支大的白色蠟燭

三滴檸檬精油

三滴薰衣草精油

一顆紫水晶

額外建議：

- **最佳時機**：上弦月於星期三；當天的水星時間；月亮落在雙子座或處女座。

- **衣著**：紫色或白色。

- **薰香**：薰衣草。

- **神靈**：播放輕柔的冥想音樂，或是能激發思緒清晰的雙聲拍音（binary beats）。

- 肯定句：「我的心智清明且專注。」

執行咒術：

一、布置好你的空間，讓你可以輕鬆在祭壇前躺下。放顆枕頭、瑜伽墊，以及其他能幫助你舒服躺下的物品。設定三十分鐘的鬧鐘。

二、將蠟燭放在祭壇中央，檸檬精油和薰衣草精油各三滴，塗抹蠟燭。

三、點燃蠟燭，口唸咒語：

檸檬與薰衣草，熊熊火光，

賜我平靜，遠離鄙視目光。

四、將紫水晶放在手掌之間，口唸咒語：

大地的紫色水晶，此時給我清明心智。

五、往後躺下，讓頭靠在枕頭上。將紫水晶放在前額，位於雙眼之間，你的第三眼。閉上眼睛，讓自己全然放鬆，飄離所在空間。

六、完成後，吹熄蠟燭，讓煙霧散入你的空間之中。腦子需要一點清晰的時候，重新點燃蠟燭。

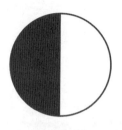

道路轉移咒

不是每件事的發展都如你所想。有時候生命會突然急劇轉彎,你只能倒退重新上路,或是澈底改變方向。無論你怎麼選擇,我過往的經驗讓我學到,就好好享受路上的風景吧。這個咒語能夠幫助你轉向並享受沿途風景。

你會需要:

一張藍色小紙條

一支藍色筆

一張黑色紙

一張白色紙

大釜或防火碗

額外建議:

- **最佳時機:**上弦月於星期四;當天的木星時間;月亮落在射手座。

- **衣著**：藍色或紅色。

- **薰香**：乳香。

- **神靈**：莉莉絲。

- **肯定句**：「我拔根而起，走向命定之路。」

執行咒術：

一、在藍色紙的一面寫上你目前的方向，翻到背面寫上
　　出現的新難關，讓你不得不做出抉擇的障礙。

二、將藍紙放在黑紙和白紙之間。輕輕將白紙和黑紙的
　　邊緣折起來，藍紙維持在黑紙與白紙之間。點燃紙
　　張，丟進大釜或防火碗，口唸咒語：

上弦月，揭露命定之路，讓我依此轉向。

三、灰燼冷卻後，拿到戶外。將灰燼往空中撒，隨風而
　　去，並相信自己在正確的道路上了。

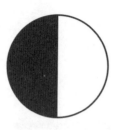

實作6　聖杯七塔羅咒

塔羅牌的聖杯七象徵許多選擇。這個咒術會使用聖杯七這張牌，決定你現在要專注的方向。塔羅牌有許多版本，聖杯七也有許多畫風，但這個咒術一樣要用萊德偉特版的塔羅牌。

你會需要：

一張萊德偉特塔羅牌的聖杯七

一支藍色蠟燭

一顆拉長石

額外建議：

- **最佳時機**：上弦月於星期一；當天的月亮時間；月亮落在巨蟹座。
- **衣著**：藍色或黑色。
- **薰香**：茉莉或薰衣草。
- **神靈**：黑卡蒂或莉莉絲。
- **肯定句**：「眾多選擇在眼前，我的直覺帶我走。」

執行咒術：

一、將聖杯七這張牌蓋著放在點燃的藍色蠟燭前。拿著拉長石，口唸咒語：

藉由月亮與水晶之魔力，

最好的選擇呈現在眼前。

二、將水晶壓在牌的上方，閉上雙眼，專注於你的直覺
　　力。

三、現在拿開水晶，把牌翻面。注視牌面，視線移動，
　　牌面的哪一個聖杯最吸引你呢？

- **城堡**：代表冒險。暗示你現在需要對一切大聲說
　好，才能擴展你的豐盛。把握當下，並把握生命
　中的豐盛。
- **斗篷**：象徵靈性。你現在需要與指導靈和高我合
　作，以連結在你身邊的魔力。
- **龍**：象徵恐懼。你現在要注意心理健康，也覺察
　是什麼在阻止你獲得生活中的豐盛。
- **人頭**：代表愛。你現在要讓自己充滿愛。思考自
　己如何向他人表達你的愛，反思自己如何愛自
　己。思考如何向宇宙敞開你的心胸，成為吸引更
　多豐盛的磁鐵。
- **蛇**：奧祕智慧。你現在要專心研究魔法和神祕
　學。這也可能在暗示你要注意自身的性慾，要展
　現性慾，而非壓抑性慾。

- **珠寶：**代表財富。你現在要統整財務狀況，並與物質豐盛建立更佳的關係。

- **桂冠：**象徵勝利與肯定。這是提醒你要加緊腳步，繼續追逐你要的成功。然而，跟其他聖杯不一樣，這個聖杯上反射出一顆骷髏頭，象徵自我膨脹，這可能會傷害到你的名聲和友誼。要記得，致力於成功是為了服務他人，而非出於自身利益。

四、心念專注於吸引你的那一個聖杯，思考這個聖杯的象徵，反映出你生活中什麼樣的情況。可以的話，每天冥想或反思，直到你理解這張牌要告訴你的訊息是什麼。

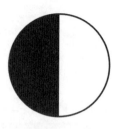

實作7 影響他人決策咒

有時候，你必須仰賴他人的決定。如果你需要仰賴某個人的決策，這個咒術能幫助你得到答案。這個咒術的目的，是讓決策得以符合所有相關人的最高利益。我們會製作娃娃或是所謂的巫術人偶。巫術娃娃通常由不同材料做成，例如玉米、織布和其他材料。民間巫術廣泛使用人偶，用來代表咒術中的特定人物。

你會需要：

一個薑餅人模具	黑胡椒
白布	填料
一把裁縫剪刀	四支藍色蠟燭
三根縫針	四顆白水晶
縫線	蜂蜜
對方的人像照	你的人像照
肉桂	

上弦月

額外建議：

- **最佳時機**：上弦月於星期二或星期三；當天的火星時間或水星時間；月亮落在牡羊座、雙子座或水瓶座。

- **衣著**：紅色、黑色或粉紅色。

- **薰香**：乳香。

- **神靈**：黑卡蒂或莉莉絲。

- **肯定句**：「我影響『對方的姓名』的決策。」

執行咒術：

一、把薑餅人模具放在白布上，沿著模具畫出兩個人形。用裁縫剪刀剪下這兩個人形。

二、用針線將外緣縫起來，留下一個開口，讓你塞入填料。

三、將對方的照片捲起來，跟香料和填料一起塞進布偶裡。將開口縫起來，將人偶放在祭壇中央。

四、在人偶周圍，用四支蠟燭和水晶圍成一圈，蠟燭和水晶交替擺放。點燃蠟燭，觀想人偶所象徵的對方。

五、用三根針沾些蜂蜜，並一根、一根扎進人偶的頭，同時口唸咒語：

如同蜂蜜之甜蜜，

我將在「對方全名」腦海中。

第一根針，咒語生效。

第二根針，人偶是你。

第三根針，決策對我最有利。

六、將自己的照片剪下來，放在針上，針會作爲你的
腿，支撐你的照片。口唸咒語：

「對方全名」，我在你腦海裡，

「符合你心意的結果」的決定，

是你唯一看見的決定。

造福一切，但主要造福我。

決策美好，如我所願。

七、將娃娃留在祭壇上。每週重複步驟五和步驟六，每
次都用新鮮蜂蜜，持續儀式，直到你想要的有利決
策已經實現。願望實現後就將娃娃掩埋。

實作8　去留靈擺咒

你是留在這段關係中，還是默默退出呢？你是繼續待在毫無發展的工作裡，還是從中解脫並找到更符合你需求的事業呢？這個咒術會協助你，讓整個宇宙推動你走向現在最適合你的方向。有時候，事情儘管糟糕透頂，但我們還尚未學會該學的課題。為了判斷去留，你要製作你自己的魔法靈擺。

你會需要：

一顆單尖水晶

珠寶包框用途的金屬線或細繩

一條輕盈的鏈子或繩子

象徵你的兩難的圖案（例如，你的照片和另一半的照片；你的公司標誌或信封上的抬頭等等。）

一碗冰的礦泉水

三撮玫瑰鹽

額外建議：

- **最佳時機：**上弦月於星期三；當天的水星時間；月亮落在雙子座或處女座。

- **衣著：**紫色或白色。

- **薰香：**琥珀。

- **神靈：**黑卡蒂。

- **肯定句：**「我會選擇正確的道路。」

執行咒術：

一、最好提前幾天到一週的時間來準備，確保儀式當晚順利進行。首先，選擇吸引你的單尖水晶。最好的方式之一就是直接去有賣水晶的商店選購，你可能會發現有幾顆水晶特別吸睛。用你的慣用手，放在那幾顆水晶上方，輕輕用手掃描這幾顆水晶，感覺是哪一顆水晶散發引力，特別把你的手拉過去。無論是哪一顆水晶把你的手拉過去，那一顆就是你應該拿來當靈擺的水晶。

二、用珠寶金屬線或繩纏繞水晶，串上鏈子或線繩。這樣當你拿著靈擺時，水晶的尖端就會直直朝下。

三、在裝有冰礦泉水的碗裡加三撮玫瑰鹽，再將剛做好的靈擺浸泡在礦泉水裡淨化能量。將靈擺在水裡攪動，要求這個靈擺被淨化乾淨，能夠用它來進行咒術。

四、靈擺自製好後，開始問靈擺一些你已經知道答案的問題。例如，我會問說，「我的名字是麥可嗎？」諸如此類的問題。詢問時，握著靈擺的尖端，並放手讓它自由擺動，不去主動出力控制。詢問問題的時候，注意尖端擺動的方向。左右擺動代表「是」，前後擺動代表「不」，繞圈則代表「中性的答案」。

五、當靈擺與你的能量校準後，將象徵你的問題的照片放在祭壇上。沉澱心神，專注在你目前的問題情況。將靈擺持於照片上方，要求靈擺告訴你答案。如果你只有得到中性的回應，這代表現在並非行動的時機，因此，耐心等待，之後再試一次。

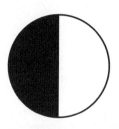

實作9 真相揭露咒

有時候你必須要先了解事情的真相,才能做出下一步決定。以下的咒
術可以用來了解事情核心,並揭露事件真相。

你會需要：

一位你懷疑事有蹊蹺的人的照片

一個玻璃盤

海鹽

三根釘子

廣藿香精油

鼠尾草精油

一支藍色或白色蠟燭，以及燭台

額外建議：

- **最佳時機**：上弦月於星期三；當天的水星時間；月亮
  落在雙子座或射手座。

- **衣著**：藍色或白色。

- **薰香**：乳香或檀香。

- **神靈**：莉莉絲。

- **肯定句**：「我只聽見真相。」

執行咒術：

一、將照片放在盤子中央。用鹽巴在照片上方畫一個無
　　限符號（橫向的阿拉伯數字 ∞）。鹽巴用來淨化，
　　而無限符號的平等意義則象徵真相與公正。

二、用精油塗抹每一根釘子。將釘子插入蠟燭，每插一
　　根釘子就唸一遍咒語：

　　　　第一根，你會向我坦白。

　　　　第二根，你告訴我真相。

　　　　第三根，一切欺瞞向我揭露。

三、將蠟燭放入燭台裡，並將蠟燭放在照片和鹽巴上。

　點燃蠟燭，口唸咒語：

你的雙唇揭露真相予我。

蠟燭燃盡，你的舌尖吐出真相之沫。

四、讓蠟燭燒盡。將殘留的材料丟棄後，開始詢問你想

　了解的真實答案。

第 6 章

盈凸月：確立細節

當月亮變得越來越圓滿，我們從上弦月進入到盈凸月的月相。

盈凸月的期間，月亮在夜空中變得更加明亮和圓滿。

如同眉月，盈凸月會維持七天，

它的獨特能量能夠協助你回歸意圖、夢想和目標的初衷。

月亮越接近圓滿，能量也就越飽滿，

這個時機最適合做一切行動，包含魔法巫術與實際作為。

追尋你的目標，並顯化你的渴望。

修正你的心願

　　盈凸月是月亮能量抵達圓滿巔峰前的最後一個階段。有鑑於此，你應該強化和修正你的心願，針對你要求的豐盛，眞的確立具體細節。用以下的空格，寫下和反思你的目標和可行的細節。例如，寫下「我想要美金五千元」，而非「我想要更多錢」。或者是，「我想要跟某某某擁有一對一的戀愛關係」，而非「我想要感情」。

盈凸月

_____

_____

_____

_____

_____

　　本章的魔藥和八項咒術有不同的主題，但是都能協助你聚焦於強化心願和意圖。反思自己之前種下的心願種子時，你可以根據自己的心願，自由選擇或調整其中一項咒術來進行。

實作 1　**熱月魔藥**

熱月魔藥的靈感來自熱托迪調酒（Hot Toddy），是我個人的魔法配方。配方中，有吸引豐盛的甜美，及反映出月亮魔力盈凸漸圓的辛辣熱力。

你會需要：

一條新鮮的薑（四公分長）　　一湯匙的蜂蜜

兩條肉桂　　　　　　　　　　兩茶匙的檸檬汁

四杯水　　　　　　　　　　　一條香草莢

二十八公克的威士忌或波本酒

額外建議：

• 不喝酒的人，可以將威士忌換成紅茶。

• 將薑和肉桂茶放在冰箱冷藏，需要時拿出來在爐子上
　或用微波爐加熱。

• 加熱飲用，要記得熱能會激發成長所需的能量，好比
　月相即將成長為圓滿的滿月。

製作魔藥：

一、將薑削皮並切片後，放入平底鍋，加入肉桂和水。
　　煮滾後轉小火煨煮五到十分鐘。接著將材料拿到一
　　旁放涼冷卻，看你喜不喜歡味道重一點，讓它燜個
　　五到十分鐘，自行拿捏。

二、將魔藥過濾後倒入馬克杯或你喜歡的杯子裡。加入
　　酒、蜂蜜、檸檬汁後，順時針攪拌。

三、切開香草莢，將裡頭的香草粉末加入魔藥裡，再次
　　攪拌，你可以開始享用熱月魔藥了。

盈凸月

實作2 原型人格咒

月亮魔法中有一種咒術是戴上人格面具，成為你想要成為的人。這個咒術非常有趣，但也需要許多的觀想練習才能精準顯化。開始前，花時間思考吸引你的幾種原型人格。

你會需要：

一張自己的照片

一張你喜歡的原型人格照片

能夠凸顯你所選擇的人格的服裝搭配

（你不會在執行咒術時穿上這些服裝，你是要在咒術中

使用到這些服飾）

一顆拉長石

額外建議：

- **最佳時機：**盈凸月於星期五；當天的金星時間；月亮

  落在天秤座。

- **衣著：**裸體。

- **薰香：**玫瑰。

- **神靈：**阿芙蘿黛蒂／維納斯或莉莉絲。

- **肯定句：**「我是『人格的名稱』。」

執行咒術：

一、腦海想著吸引你的某個人，可以是某位名人、角色或是原型人格，例如誘惑者、戰士、英雄、容貌姣好的絕世美人等等。決定後，印出這個人物的照片。

二、將自己的照片直接用膠水黏在人格照片的上方。膠水乾掉之後，將照片放在你選擇的服飾上方，口唸咒語：

你和我合為一體，他人看見我如你。

三、現在，將拉長石放在雙手掌心，合掌朝向月亮，口

　唸咒語：

　　　持續盈凸的月亮魔力，

　　　賜福這顆變身的水晶。

　　　願其助我變身為＿＿＿＿＿。

四、將拉長石放在照片上整整一晚，讓月亮的魔力灌注

　其中。早上時，穿上你選好的服飾，並帶著拉長

　石，同時觀想自己成為你想成為的角色。

溝通順暢咒

有時候，你無法自由講出心聲，因為這個世界寧願你保持沉默。這個咒術會製作幫助溝通的護符，將護符戴在靠近喉嚨的位置，就能激發促進溝通的喉輪。

你會需要：

一顆土耳其石

用來裝水晶的金屬框

繩索或鏈子

額外建議：

- **最佳時機**：盈凸月於星期三；當天的水星時間；月亮落在雙子座或處女座。
- **衣著**：藍色。
- **薰香**：乳香。

- **神靈**：阿提米絲／黛安娜或葉瑪亞。
- **肯定句**：「我的溝通順暢自如。」

執行咒術：

一、拿起土耳其石朝向月亮，請求月亮魔力降臨：

> 夜空中的閃耀星體，
> 請求你祝福我的聲音完美無瑕，
> 讓我溝通時順暢自如。

二、現在，將土耳其石放入金屬框中。串上繩索或鏈子，拿起護符置於你的嘴巴前方。撅起嘴唇，呼出深沈的長氣息，吹入水晶中。接著唸咒語：

> 藉由氣息連結你我，
> 解開束縛讓我發聲，
> 與人交流輕鬆自如。

三、將項鍊放在你的脖子處。用慣用手拿著水晶碰觸喉嚨，喉嚨發出低沉的呼嚕聲，透過呼嚕聲，讓喉嚨與水晶的能量共振調頻。感謝月亮，並信任你的溝通能力會臻至完美。

實作4 愛自己鏡子咒

這項愛自己的咒術會創造療癒心靈的信念，幫助那些難以接受自己身體外觀或患有身體畸形恐懼症（body dysmorphia）的患者。

你會需要：

六支粉紅色或橙色蠟燭

一支粉紅玫瑰

無香味的乳液

複方精油（同等比例的玫瑰精油、麝香香精和檀香精油）

一面手持鏡

額外建議：

- **最佳時機**：盈凸月於星期五；當天的金星時間；月亮落在金牛座。

- **衣著**：裸體。

- **薰香**：玫瑰或檀香。

- **神靈**：阿芙蘿黛蒂／維納斯。

- **肯定句**：「我是美神化身，我的內外皆美。」

執行咒術：

一、六支蠟燭點燃圍一圈，而你站在中間。以順時針沿
　　著蠟燭的邊緣走，邊走邊一片一片摘下玫瑰花瓣，
　　同時口唸肯定句。

二、擠或挖一坨乳液在雙手上，滴上三滴複方精油。搓
　　揉雙手，輕柔按摩你的身體，同時跟自己說：「我
　　愛你。」

三、拿起鏡子，並說：

　　　　轟立美神之圈能量中，

　　　　愛自己的能量塗上我

　　　　我就是純淨、完美、美麗，

　　　　我就是最自然的我。

　　　　我愛我自己。我愛我自己。我愛我自己。

感受圍繞你周圍的愛，慶祝和享受當下的自己。

四、儀式完成後，將花瓣撿起來，穿上大衣或長袍，走
　　到戶外。將花瓣往上方的空中撒，讓它們在月光下
　　灑落在你身上。感受當下的平靜，並認知到自己是
　　美麗的神聖化身。

盈凸月

實作5 月亮繆思靈感咒

以下的咒術需要你實際進行繪畫創造，以激發靈感萌生。

你會需要：

四顆螢石

一支黃色蠟燭

檸檬精油

乾燥薰衣草

幾支繪畫刷具

一組繪畫顏料（壓克力顏料或水彩顏料）

畫布或任何適合上色的紙張

盈凸月

額外建議：

・**最佳時機**：盈凸月於星期一或星期五；當天的月亮時間或金星時間；月亮落在天秤座或雙魚座。

・**衣著**：任何讓你感覺自己創意十足和舒適的衣服。

・**薰香**：乳香。

・**肯定句**：我召喚創造力，並解放內在的創意。

執行咒術：

一、將水晶放在四個方位，定錨空間的結界能量。

二、用檸檬精油塗抹蠟燭，清除阻礙，讓創造力湧現。
滾動蠟燭沾滿乾燥薰衣草後，點燃蠟燭，口唸咒
語：

　　　　此時此刻，從我之內，召喚創意。
　　　　神聖空間中，願靈感翱翔。

三、闔上雙眼，心念專注於你想要在什麼領域獲得靈
感。

四、雙眼仍舊閉上，將畫筆沾上最吸引你的顏料。拿起畫筆在畫布或紙張上自由揮灑，讓創造力跟著直覺一起浮現。如果你在腦海中看見某個事物，就畫出來。如果你只想要畫幾個線條，也畫出來，選擇吸引你的不同顏料來作畫。畫畫時，口唸肯定句：「我召喚創造力，並解放內在的創意。」

五、將完成的作品放在祭壇上，進一步累積魔力和強化意義。

實作6 拿回個人力量咒

生命中的阻礙有時不只會拖垮我們，也剝奪我們的力量。因此，這項簡單的咒術能摧毀這些阻礙，並重新拿回自己的力量。

你會需要：

一把刀或牙籤一支

五支不同顏色的蠟燭（綠色、黃色、紅色、藍色、白色）

四片月桂葉

肉桂精油

一份高約翰的根

額外建議：

- **最佳時機**：盈凸月於星期二；當天的火星時間；月亮落在牡羊座。

- **衣著**：白色或裸體。

- **薰香**：龍血。

- **神靈**：莉莉絲。

- **肯定句**：「我很強壯又有力量。」

執行咒術：

一、利用以下圖表，在每一支蠟燭上，刻上對應的元素
　　符號。

顏色	元素	方位	符號
綠	土	北	倒三角形，中間畫一條水平橫線。
黃	風	東	正三角形，中間畫一條水平橫線。
紅	火	南	正三角形
藍	水	西	倒三角形
白	靈魂	中央	圓形

二、將每一片月桂葉放在魔法圓的東、南、西、北四個
　　方位。將對應方位的蠟燭各自放在四大方位的月桂
　　葉上，定錨能量。以順時針的方向，用肉桂精油塗
　　抹蠟燭後點燃。坐在魔法圓中央，前方點著白色蠟
　　燭。加一滴肉桂精油在高約翰的根上，拿著藥草靠
　　近心臟，口唸以下咒語：

　　　　藉由土、風、水、火之魔力，
　　　　我召喚個人力量從內在湧現。
　　　　宇宙的元素魔力結合一起，
　　　　我拿回力量，我光輝閃耀。

三、觀想自己被白光圍繞，在腦海中觀想自己的成功，
　　讓你的成就賦予你力量。需要時可以攜帶高約翰的
　　根，提醒自己是城市中最叱吒風雲的女巫／巫師。

盈凸月

實作7 金錢豐盛咒

這項咒語的強大魔力非常適合顯化金錢財富。為了讓金錢魔法的願望實現，我們要做一個魔咒袋，這是胡督魔法的護符。魔咒袋中會放入藥草、礦石、人體的某個部分，藉此實現願望。

你會需要：

- 一張銀行的存款單
- 一支金色墨水筆
- 金屬光澤的金色或黃色抽繩袋
- 假鈔
- 乾燥薄荷
- 乾燥羅勒
- 一片月桂葉
- 一條香草莢
- 一顆零陵香豆
- 一顆黃鐵礦
- 一撮自己的頭髮
- 肉桂精油

額外建議：

- **最佳時機：**盈凸月於星期四、星期六或星期日；當天的木星時間、土星時間或太陽時間；月亮落在金牛座、獅子座或摩羯座。
- **衣著：**綠色、金色或銀色。
- **薰香：**琥珀或麝香。
- **神靈：**南納／辛。
- **肯定句：**「我充飽魔力且力量飽滿。」

執行咒術：

一、用金色筆在存款單寫下你想要在銀行帳戶中看見的存款金額。

二、將存款單對折四次，因爲四這個數字象徵架構與根基，藉此讓自己的財務狀況更加穩定。專注在這個意念。將存款單放入袋中時，口唸咒語：

　　我很富足、我很有錢，

　　我這位女巫（巫師）召喚更多金錢。

三、將假鈔剪成一小片一小片的紙屑，製造更多象徵金錢的假鈔屑屑。同時，口唸咒語：

> 成雙成倍，我的金錢增加。
> 富足豐盛，我的財富加倍。

四、把乾燥薄荷、羅勒、月桂葉和香草、零陵香豆放入袋中，口唸咒語：

> 磁吸植物、豐盛植物、富足植物，
> 為我帶來更多財富！

五、放入黃鐵礦，口唸咒語：

> 磁吸礦物、豐盛礦物、富足礦物，
> 為我帶來更多財富！

六、最後，加入自己的一撮頭髮，口唸咒語：

此咒與我能量相連。財富增加如我所見。

七、將袋口對準嘴巴，對著袋中吹入一道深沉、緩慢的氣息，賦予你的願望生命力。將袋子綁好，在魔咒袋上塗抹肉桂精油。

八、在身上攜帶魔咒袋。每週一次，用肉桂精油塗抹魔咒袋，同時觀想更多金錢存入你的帳戶。直到你發現你渴望的財富願望達成了，就將魔咒袋埋入土中，並感謝宇宙協助你實現物質上的豐盛。

實作8 強化愛情咒

以下的咒術適用於你處於互相信任、相愛的關係中,並且伴侶也同意知情。不得用於跟伴侶爭吵後,也不得作為關係復合或修復關係問題的手段。這項咒術應該用在你跟伴侶百分之百相愛,並且都期望讓關係提升的時候。

你會需要：

兩隻代表你跟伴侶的娃娃（芭比娃娃或肯尼娃娃也可以）

你與伴侶的毛髮

一個裝得下兩隻娃娃的鞋盒或精美的木盒。

膠水　　　　　　　　　　玫瑰精油

鏡面瓷磚　　　　　　　　粉晶

兩朵乾燥玫瑰（如果是愛人送你的玫瑰花的話，那更好）

紅線或紅色寬緞帶

戀情中收到的象徵物或紀念禮物

乾燥洛神花

兩顆零陵香豆

額外建議：

- **最佳時機**：盈凸月於星期五；當天的金星時間；月亮落在金牛座或天秤座。

- **衣著**：粉紅色或紅色。

- **薰香**：玫瑰。

- **神靈**：阿芙蘿黛蒂／維納斯或葉瑪亞。

- **肯定句**：「伴侶與我相連，我們相愛至極。」

執行咒術：

一、首先，取得外觀與你跟伴侶相似的兩隻娃娃。可以是芭比娃娃、軍人公仔，或是任何你喜歡的娃娃。放輕鬆享受挑選娃娃的過程。

二、你需要從伴侶身上取得身體的部分，最簡單的方式就是從伴侶的化妝刷具或刮鬍刀上取得毛髮。

三、裝飾你跟對方的娃娃，分別在娃娃上裝飾能分辨你跟他的印記或圖騰，將毛髮（或身體的部分關聯物）塞進娃娃的頭或手臂等等的縫隙裡。

四、用膠水沿著盒子內部邊緣塗，將鏡面瓷磚放進去黏好，鏡面瓷磚會反射和擴大你與伴侶相愛的愛意。

五、將精油滴在娃娃的前額和胸口。將娃娃放在盒子裡，娃娃兩兩面對彼此，粉晶和兩朵玫瑰放在娃娃之間，開始用紅線或緞帶綁住娃娃，同時口唸咒語：

我綁住我與「伴侶名稱」對彼此的愛，

繼續相愛，更加相愛，永遠幸福。

六、緊緊打上一個結，綁住你與伴侶對彼此的愛，並說：

藉由此結，相愛之力，

月亮魔力持續增長，賜福我們永結同心。

七、放入剩下的材料，紀念物、洛神花、零陵香豆到盒中。將盒子放在不會被碰觸、破壞和打擾的安全地方。在你覺得適合的時候，加入其他材料。每一次放入紀念物時，想著你與伴侶互相流動的深情愛意，想著你們之間瀰漫的幸福浪漫。放入越多紀念物，你們之間的愛就會蔓延增長、無窮無盡。萬一有天你與伴侶分開了，將娃娃從盒子裡取出，並燒掉盒子（在安全、寬敞的空間），釋放愛的羈絆。

實作9 夢想板顯化咒

夢想板是許多人會用的工具，激發靈感幫助你實踐目標。人們視這樣的拼貼藝術作品為好用的工具，可以激發和顯化你對未來的期望，最終實現目標。因此，讓我們詳細思考你想要怎樣過你的未來生活，並製作夢想板來呼應你努力達成的目標吧。

你會需要：

四支銀色蠟燭	乾燥玫瑰花瓣
四支金色蠟燭	乾燥薄荷
香草精油	乾燥薰衣草
雜誌	一條香草莢
剪刀	液態膠水
缽與杵	繪畫刷具
肉桂粉	白板

額外建議：

- **最佳時機**：盈凸月於星期六或星期日；當天的土星時間；月亮落在摩羯座或雙魚座。

- **衣著**：銀色、金色或藍色。

- **薰香**：薰衣草或琥珀。

- **神靈**：任何一位。

- **肯定句**：「我完美地看見未來建構而成」。

執行咒術：

一、先布置好儀式空間，準備好咒術所需的材料。先將
　　四支銀色蠟燭放在四大方位，再將金色蠟燭放在銀
　　色蠟燭之間，金、銀蠟燭交錯放置。用香草精油塗
　　抹每支蠟燭，激發吸引力和祝福的魔力。以順時針
　　移動，點燃每根蠟燭，想著你未來的目標和心願實
　　現的畫面。

二、手持雜誌，口唸咒語將你的心願變得更具體明確：

雜誌一頁翻一頁，我建構我的生活。

三、跟隨直覺，翻閱雜誌書頁。注意圖片、插畫，也同
　　時注意字體、文字、廣告，看看是什麼吸引你。將
　　吸引且符合你願望的精美內容剪下來。只怕你不
　　剪，不怕你剪太多。

四、當你搜集了一疊圖片、文字內容後，將它們分類，
　　分別擺在不同位置。同時，一直誦唸肯定句，直到

你在夢想板上拼貼出最符合你想要的未來。至於剩下的圖案或文字內容，直接丟掉就好。

五、在缽和杵或其他的研磨器裡面，放進肉桂、玫瑰花瓣、薄荷、薰衣草。用刀子將香草莢切開，把香草粉末刮出來，再加進缽裡，把所有材料研磨至細緻的粉末，同時也要專注心念，吸引你想顯化的未來生活。

六、將液態膠水擠到碗裡，再以順時針方向攪拌，慢慢混合藥草粉，用刷筆把膠塗在夢想板上，黏貼你的拼貼圖案。

七、完成後，心念想著這些圖案，思考你要採取哪些實際行動來達成目標。將完成的夢想板放在窗邊，吸收整晚的月光。等到夢想板充滿月光的能量後，掛在你每天都會看見的位置，並想想要如何讓夢想成真。

第 7 章

滿月：慶祝、綻放、反思

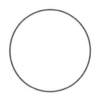

到目前為止，我們在前面種下了意念的種子，並灌溉它們漸漸成長。

現在，我們來到月亮完整綻放月光的階段！

滿月時，我們得以沐浴在月光的巔峰能量之下。

此時的月相非常適合慶祝，也很適合讓月亮的優美能量充盈你的能量場。

要記得，豐盛會以許多形式呈現，

而慶祝月亮的光輝，會幫助你吸引和吸納更多豐盛進入你的生命。

所以，準備好敞開自己了嗎？因為月光要來照亮我們了！

魔　藥

咒術／儀式／歡慶

歡慶滿月

滿月的魔力不可思議，如泉水噴湧出無限的豐盛和能量。利用以下的空格，寫下你目前為止，透過月亮魔法實現的成功事蹟，也寫下你目前想要在生活中開心慶祝的部分。倘若你覺得你的心願還沒實現，就寫下你希望可以重新調整和修正的願望。

_____

_____

_____

_____

同其他章節一樣，本章提供各式各樣的咒術，利用滿月的歡慶能量。然而，因為滿月蘊含著純粹的魔力，你可以再進行任何一種咒術，實現尚未顯化的心願。通常來說一次最好只施展一種咒術，但是如果你想要一次運作龐大的魔力，這些咒術都可以統整起來，在滿月當晚一起進行。

滿
月

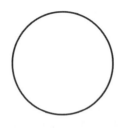

實作1 月光眼淚馬丁尼

這是我自己的經典檸檬眼淚調酒（lemon drop）版本，加入玫瑰水或玫瑰糖漿、充滿氣泡的香檳，以及一顆象徵滿月的冰球。檸檬和玫瑰都是月亮魔法的神聖材料，而氣泡則是慶祝滿月的視覺饗宴。

你會需要：

冰球或冰塊

一又二分之一盎司的檸檬酒

一又二分之一盎司的琴酒或伏特加

兩茶匙的玫瑰水或玫瑰糖漿

摻進一些香檳增添魔力

削下檸檬皮和加上玫瑰花瓣，用來裝飾

選擇性加入：

糖，用來沾杯口　　　　　二分之一杯的食用玫瑰花瓣

一杯水　　　　　　　　　過濾器

一杯糖　　　　　　　　　密封容器

額外建議：

• 如果不喝酒，可用檸檬汁代替酒精。

• 杯口沾一圈糖，帶來額外的甜蜜口感。

• 與其從商店買來玫瑰水或糖漿，你可以自己做。在平底鍋中，加入一杯水和一杯糖，以及二分之一杯的食用玫瑰花瓣。開火煨煮十分鐘，直到糖漿變得濃稠。過濾後倒入密封容器，挑掉殘留的花屑，放進冰箱冷藏保鮮。

執行咒術：

一、將冰球或冰塊放入霧面玻璃馬丁尼杯。

二、在雪克杯（搖酒器）中放入冰塊、檸檬酒、琴酒或伏特加、糖漿。用力搖晃，過濾後倒進馬丁尼杯。

三、在上層加入香檳，用削好的檸檬皮或玫瑰花瓣裝飾調酒。舉杯邀明月，好好享受吧。

滿月

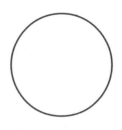

實作2 吸納月光魔力儀式

吸納月光（Drawing Down the Moon，又稱畫月儀式）是許多威卡巫師和新異教徒時常舉行的魔法儀式。這項儀式的目的是要榮耀和崇敬三相女神中的母親面向，這也是催眠的一種，讓你臣服於月亮的魔力之下，慶祝女神魔力的巔峰階段，並映射出她的魔法魅力。

你會需要：

兩支白色或銀色長蠟燭

一顆月亮石或透石膏

粉紅色或白色的花，例如玫瑰、梔子花或觀星百合

新鮮水果，如檸檬、柳橙、草莓、蘋果、梨子或無花果

一支白色圓柱狀蠟燭

滿月魔法油（同等比例的檀香、茉莉、香草和玫瑰精油）

銀色雲母片

月光眼淚馬丁尼（參見第208頁）

額外建議：

- **最佳時機**：滿月於星期一；當天的月亮時間；月亮落在巨蟹座。

- **衣著**：銀色、白色、深粉色或裸體。

- **薰香**：茉莉、玫瑰或梔子花。

- **神靈**：塞勒涅／盧娜、黑卡蒂或莉莉絲。

- **肯定句**：「我是滿月的力量。」

執行咒術：

一、布置好祭壇，準備好所有材料。

二、用滿月魔法油塗抹白色圓柱狀蠟燭，並滾動沾滿銀
色雲母片。點燃蠟燭，雙臂向上打開朝向月亮，整
個人呈現「Y」字型。誦唸以下咒語：

就在今夜，月圓之時，

我榮耀你的完滿偉大，感受你的魔法引力。

夜空中的銀色星體啊，我滿懷愛意吸納你的魔力。

豐盛與力量之銀色光輝，在此時此刻灌注我身。

天界之母、偉大的月亮女神，我榮耀你的充盈魔力。

我臣服於你的光輝之下，願你的優美與恩惠充滿我。

我崇敬你，我連結你，你的宇宙能量注入我。

我感謝你綻放的光輝，我感謝你的月光環抱我。

在你的注視之下，我沐浴在你的明亮月光中。

我是月神的神聖子民，與宇宙的魔力共同盈虧。

如所祈願！

三、雙手拿起水晶，坐下來冥想，思維著滿月與三相女
　　神中的母親面向。將冥想中獲得的啓示或畫面寫在
　　筆記本上，日後拿出來反思評估。儀式中，你可能
　　會有內在的驅力讓你想要舞動或唱頌。跟隨直覺與
　　本能，臣服於月球的呼喚之下。

四、拿起你的月光眼淚馬丁尼或其他獻給月神的祭酒，
　　敬月球一杯吧！完成儀式後，將水果拿到戶外，放
　　在滿月的月光下獻給月神。

滿月

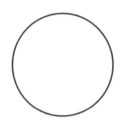

實作3 夢境願景咒

滿月的月相會強化我們天生的通靈能量，更好地接通內在的直覺。這項咒術是要利用滿月的直覺魔力，協助我們孵出通靈夢。

你會需要：

一顆拉長石

一湯匙的乾燥薰衣草

一湯匙的乾燥艾草

一個紫色或銀色的束口袋

三滴薰衣草精油

筆記本

額外建議：

- **最佳時機**：滿月於星期一；當天的月亮時間；月亮落在巨蟹座或雙魚座。
- **衣著**：紫色、銀色、白色或裸體。
- **薰香**：茉莉或梔子花。

- **神靈**：塞勒涅／盧娜、黑卡蒂或莉莉絲。
- **音樂**：播放輕柔的氛圍音樂，或是能激發夢境的雙聲拍音。
- **肯定句**：「通靈夢境來找我。」

執行咒術：

一、在祭壇前製作你的通靈夢境魔咒袋，放入拉長石、薰衣草、艾草到束口袋內。將魔咒袋束起來後，拿在左手。

二、用你的右手將三滴薰衣草精油塗抹於魔咒袋。搖晃幾下魔咒袋後，將魔咒袋和日記本或暗影之書一起帶到床上。

三、舒服地躺在床上，再搖幾下魔咒袋。深吸一口氣，嗅聞充滿魔力的薰衣草的香氣。將魔咒袋放在枕頭下，並沉沉睡去。醒來後，寫下夢境中你記得的任何內容，分析夢中的符號、地點或場景對你而言象徵什麼意義。

滿月

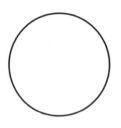

實作4 滿月水晶陣

水晶陣的美麗洋溢著滿滿魔力。如果你對水晶陣不熟悉，我來解釋一下。水晶陣就是好幾顆水晶排列成神聖的幾何圖形。排列好後，你的意念就會啟動水晶陣，並擴展整合後的水晶能量充滿整個空間。我們會用水晶礦石的魔力來增強月光能量的豐盛力。

你會需要：

幾支白色蠟燭

玫瑰精油

一顆月光石（球形月光石最好）

五顆大顆的透石膏

五支單尖白水晶

一些白色玫瑰花瓣

額外建議：

- **最佳時機：**滿月於星期一；當天的月亮時間；月亮落
  在巨蟹座。

- **衣著：**白色、銀色或裸體。

- **薰香：**梔子花或茉莉。

- **神靈：**塞勒涅／盧娜、黑卡蒂或莉莉絲。

- **肯定句：**「我用月光精華注滿空間。」

執行咒術：

一、先用玫瑰精油塗抹白色蠟燭，並用白色蠟燭裝飾所在空間，創造月亮魔法的神聖氛圍。

二、開始排列水晶陣，先將月光石放置於祭壇中央。將五顆透石膏放在月光石周圍，圍成一圈，接著將每一支單尖水晶放在每一顆透石膏與月光石之間。單尖水晶的尖端朝向月光石。最後，用玫瑰花瓣一片片圍繞你布置好的水晶陣。

三、水晶陣需要被你啟動，所以你要先在水晶陣上畫能量線連結每顆水晶。主要來說，圖案是由內往外來編織意圖，透過意念注入每一顆水晶。你可以用任何物品來導引能量啟動水晶，例如儀式刀、點燃後的蠟燭、線香、護符或墜飾、靈擺，甚至用你的食指也行。

四、將啓動的物品懸在月光石上方，閉上雙眼，心念專注於滿月的優美。回想你在生活中已經顯化的豐盛，感受這些豐盛從內在滿溢出來。開始用你啓動水晶的工具在水晶上方移動，連結每顆水晶。從月光石開始，連到透石膏後再回到中央的月光石。以順時針方向往右重複一次，總共五次，將整個水晶陣都連結起來。過程中，觀想閃耀的白光從滿月降下籠罩你的祭壇。口唸以下咒語：

> **月光月光，黑夜之中，明光閃爍。**
> **從天而降，愛意發光，注滿空間。**
> **月光精華，充滿水晶，能量魔力，豐盛流動！**

五、觀想月光注滿你的空間，散發著和諧的能量。如此一來，水晶陣就啓動成功了，接著感謝水晶與月亮的協助。帶著完美的愛與信任繼續生活、採取行動，並認知自己就是豐盛的魔法磁鐵。

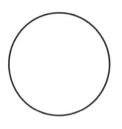

實作5 滿月塔羅牌陣

滿月是占卜的最佳時機，許多女巫和巫師都會利用滿月來預測未來。塔羅牌在過去十年來有越來越多人使用，許多人會解讀牌面的符號象徵來預測命運。無論你是占卜新手還是老手，以下咒術會使用塔羅牌作為輔助工作，協助你的心願實現。

你會需要：

一套塔羅牌

一顆月光石

八支雙尖白水晶或雙尖紫水晶

筆記本

額外建議：

- **最佳時機**：滿月於星期一；當天的月亮時間；月亮落在巨蟹座。

- **衣著**：紫色、銀色、白色或裸體。

- **薰香**：薰衣草。

- **神靈**：塞勒涅／盧娜、黑卡蒂或莉莉絲。

- **肯定句**：「我完美地看見未來」。

滿月

執行咒術：

一、沉澱心神，創造空間中的神聖氛圍。

二、從塔羅牌中拿出「月亮」牌，以正位平放於你要做儀式的祭壇上。牌面上放一顆月光石。接著，周圍放八支雙尖白水晶圍一個圈。

三、將整疊塔羅牌洗牌，澄淨心靈、摒除雜念。心念聚焦於你目前的人生。請求月亮給予你需要知道的指引，幫助你進一步活得豐盛。憑直覺洗牌，接著切牌，將牌分成三疊，再隨意將三疊合成一疊。

四、用你的左手抽出八張牌，將它們依序放在月亮牌和水晶的外圍，圍成一圈。抽出來的牌是以順時針擺放，以模擬月亮的八種月相變化。每張牌都會放在每一支雙尖水晶外側尖端的位置。以下是牌陣中每一個位置的解釋：

- 第一張牌 —— 意圖：代表你需要設下的心願意
  圖。

- 第二張牌 —— 行動：在現實生活和靈性世界中，
  你需要採取的行動。

- 第三張牌 —— 決策：代表可能會出現的阻礙。

- 第四張牌 —— 具體：提供克服阻礙的建議。

- 第五張牌 —— 慶祝：這張牌呈現出整體結果。

- 第六張牌 —— 感恩：假如心願實現，你該表示回
  饋的方式。

- 第七張牌 —— 寬恕：代表你目前的情緒狀態，也
  代表你需要好好照料的內在狀態。

- 第八張牌 —— 釋放：爲了達成目標並保持下去，
  你必須要做的犧牲爲何。

五、思考你在牌面上看見的圖像，將任何想法、念頭、
　　指引寫在筆記本上。

滿月

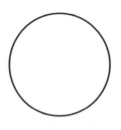

實作6 月光祝福儀式

滿月是月相的圓滿階段，此時也最適合擁抱熱情、愉悅和愛自己的能量。這個儀式會利用對自己懷抱的熱情，進而提升靈性能量，並最終吸引豐盛進入你的生命。呼喚月神莉莉絲幫助你自由探索你的熱忱，藉由寵愛自己來賦予自己力量。

你會需要：

莉莉絲女神的肖像

一支紅色蠟燭

情慾魔法油（同等比例的玫瑰、洛神花、廣藿香精油，以及一滴肉桂）

一支紅玫瑰

手持鏡

石榴石

一杯你最愛的月神祭酒

額外建議：

- **最佳時機**：滿月於星期一、星期二或星期五；當天的月亮時間、火星或金星、月亮落在天蠍座。
- **衣著**：紅色緞面長袍、貼身內衣或裸體。
- **薰香**：龍血、麝香或玫瑰。
- **神靈**：莉莉絲。
- **肯定句**：「我被月神賜福、充滿力量。」

執行咒術：

一、在床頭櫃上打造莉莉絲女神的小祭壇，請使用以下
　　材料。這個小祭壇會是儀式的能量焦點，將你的心
　　願與她的能量協調共振。此時，你不只是膜拜莉莉
　　絲女神而已，你是透過莉莉絲女神來膜拜你自己。

二、儀式開始前，用熱水沐浴鹽洗。在身上擦能夠幫助
　　你後續進入狀態的乳液或魔法油，同時，也用情慾
　　油塗抹蠟燭。

三、窩進床上後，點亮蠟燭，舉杯敬莉莉絲女神。口唸
　　以下咒語：

> 藉由火之魔力，我敬仰莉莉絲。
> 帶著你的黑暗優美，我歡迎你來這裡。
> 我向你敬一杯，莉莉絲女神。
> 我啜飲一口，我邀請你來。
> 我歡迎你的原初力量與能量。

四、啜飲一口祭酒。閉上雙眼，觀想莉莉絲女神的黑暗
　　魅力注入你的身體，身體被濃濃的紅色迷霧充滿。
　　拿起手持鏡，看著自己的雙眼。口唸咒語：

莉莉絲，你是妖女、魅神與女神，

我在我眼中看見你，點燃我的情慾魔力。

五、將鏡子置於床頭櫃上，調整位置讓鏡面可以反射出
　　你自己。鏡子據說是通往莉莉絲洞穴的通道，也是
　　魔法工作中連結她的門戶。專注想著你的目標、你
　　的野心、你許下的心願。觀想它們顯化成真，將這
　　一切榮耀歸給莉莉絲女神以示感謝。

滿月

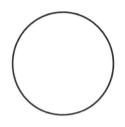

實作7 月光回春咒

以下是寵愛自己的小咒語，能夠藉由滿月的月光為自己重新充電、重整自己。

你會需要：

幾支白色蠟燭（選擇性）　　一顆月光石

兩茶匙瀉鹽　　　　　　　　一顆枕頭

三滴梔子花或茉莉精油

額外建議：

- **最佳時機：** 只要是滿月，任何日子、時刻都可以進行。
- **衣著：** 白色或裸體。
- **薰香：** 梔子花或薰衣草。
- **神靈：** 塞勒涅／盧娜。
- **音樂：** 播放輕柔的冥想音樂，或是能促進睡眠品質的

雙聲拍音。

- **肯定句：**「我充飽魔力且力量飽滿。」

執行咒術：

一、點燃白色蠟燭後，泡個澡放鬆身心。在溫水中加入
　　瀉鹽和精油，並好好放鬆。回想你之前做到的一切
　　和執行的方式，此時此刻，你與自己合一，你與月
　　亮的魔力合一。

二、泡好澡後擦乾身體，布置好空間，讓你可以直接睡
　　在窗戶前，沐浴在滿月的月光下。雙手拿著月光
　　石，口唸咒語：

> **讓我柔柔睡去，讓我重返巔峰。**

三、睡前看著月亮，呼喚月神降臨。請她協助你重新整
　　合自己，口唸咒語：

> **藉此滿月、藉此月光，我放鬆大腦，我說聲晚安。**
> **為了充飽能量、為了重整自己、為了放鬆身心，**
> **我因此成為最好的自己。**

四、將月光石放在枕頭下，並沉沉睡去。

滿
月

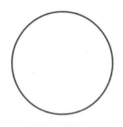

通靈魔法噴霧

為了提升你內在的通靈能力，你可以做這個魔法噴霧，在需要用到塔羅牌或凝視占卜法等占卜時使用。這是來自我的女巫摯友，通雅·布朗（Tonya Brown）的個人配方。

你會需要：

一一三公克的乾淨噴霧瓶

七十公克的蒸餾水

七公克的酒精

十滴茉莉精油（象徵月亮魔力）

十滴薰衣草精油（象徵心靈專注）

五滴檸檬精油（象徵靈性）

一撮乾燥艾草（象徵靈視）

一顆月光石滾石（象徵直覺）

銀色雲母片（帶來閃亮亮的光輝；此為選擇性材料）

額外建議：

- **最佳時機**：滿月於星期一；當天的月亮時間；月亮落在巨蟹座或雙魚座。
- **衣著**：黑色、紫色或銀色。
- **薰香**：乳香、茉莉或梔子花。
- **神靈**：塞勒涅／盧娜、黑卡蒂或莉莉絲。
- **肯定句**：「我召喚月亮的通靈魔力。」

執行咒術：

一、在噴霧瓶中放入所有材料，過程中，根據上述的材料清單，告訴每一項材料它們各自象徵什麼意義。

二、裝好封瓶後，拿起瓶子舉向夜空，讓你可以從瓶身看見夜空中的月亮。從瓶身凝視著月亮，唱誦以下咒語，賦予噴霧魔力：

藉由月光，賦予此噴霧靈視魔力。

三、用力搖晃瓶身，並將噴霧瓶放好，沐浴在滿月的月光下一整晚。之後便可於任何占卜時使用。

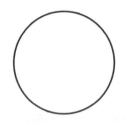

實作9 **愛自己歡慶儀式**

誰會排斥享用杯子蛋糕的好理由呢？這個有趣的咒術能在你想要慶祝
自己很棒的時候使用。

你會需要：

一個杯子蛋糕　　　　　一支銀色的生日蛋糕蠟燭

一張白色紙　　　　　　防火碗

一支銀色筆

額外建議：

- **最佳時機：**滿月於星期五或星期日；當天的金星時間
  或太陽時間；月亮落在金牛座、獅子座或天秤座。

- **衣著：**你最愛的服裝。

- **薰香：**龍血、茉莉或玫瑰。

- **神靈：**阿芙蘿黛蒂／維納斯或是塞勒涅／盧娜。

- **音樂**：你最愛的音樂。
- **肯定句**：「我愛我自己。我又棒又美好。」

執行咒術：

一、購買你喜歡的杯子蛋糕，或自己動手做一個。

二、在祭壇前，用銀色筆給自己寫一封情書，描述你自己有多棒、多美好，反思並寫下你的成就和天賦才能。寫完後，將信紙折三折。將杯子蛋糕置於祭壇中央，銀色蠟燭插在上方。點燃蠟燭，口唸咒語：

> **銀色與甜蜜，美味的甜點**
> **歡慶我的價值，慶祝我愛自己，**
> **光輝燦爛如夜空滿月。**

三、在防火碗中點燃寫給自己的情書，讓信紙燒盡。讓蠟燭燃盡，享用杯子蛋糕，收集一些麵包屑。

四、到戶外，在地上用麵包屑和灰燼排成一個愛心獻給月神，同時也宣告你愛自己。

第 8 章

虧凸月：表達感恩

度過滿月的巔峰魔力之後，

月亮開始了回到新月的旅程。

從滿月到漸虧的月相在傳統上被視為釋放的一個階段，

然而，我們可以重新細分滿月後的每個月相。

滿月的後七天便是虧凸月。

在滿月收穫和顯化心願後，

現在便是大好時機向生命中的豐盛表達謝意。

魔　藥

咒術／儀式／慶典

感謝生命中的豐盛

　　「感恩」，是咒術成功的重要關鍵。感恩儀式會吸引來更多豐盛，幫助你達成所有心願。除此之外，當你專注在生活中讓你感恩的部分，能維持更正向的心念。花點時間寫下生命中感恩的人事物，寫下你在生命中創造的魔法。舉例來說，「我很感恩自己的身體健康平安」、「我感謝我克服過的所有障礙」，或是「我感謝自己，從緊抓我不放的一切中解脫。」

　　本章的咒術都屬於表達感恩的儀式，讓你在虧凸月的月相中施展月亮魔法。

實作1　月光抹茶

在世界各地的許多靈性儀式中，綠茶一直都是實踐者會飲用的必需品。抹茶則是將特殊的綠茶葉研磨成極為細緻的粉末後，沖泡而成的茶類。綠茶葉和玫瑰都對應著「靈性和諧」的魔法功能。同樣，綠色和粉紅色則對應到「心輪」。這個魔藥則能幫助心輪敞開，向生命中的豐盛表達感恩。

你會需要：

冰塊

雪克杯

二分之一杯的牛奶（我推薦杏仁奶）

五湯匙玫瑰水

二分之一杯的水

一茶匙抹茶粉

一撮可食用玫瑰花瓣

額外建議：

• 與其從商店買來玫瑰水或玫瑰糖漿，不如自己做。參考209頁的作法。

執行咒術：

一、選你喜歡的杯子，把冰塊加進去。

二、在雪克杯中，倒入牛奶和玫瑰水。用力搖晃，同時腦海想著你需要感恩的人事物。將搖晃均勻後的牛奶與玫瑰水倒在冰塊上。

三、洗乾淨雪克杯。

四、將水和抹茶粉倒入雪克杯中，並大力搖晃。抹茶粉比較難溶於水中，因此你要非常用力搖晃讓抹茶粉均勻跟水混合，以防抹茶粉結塊。你可以一次加一些抹茶粉，不要一次就全部加進去。

五、將搖晃均勻的抹茶倒入裝有冰塊和玫瑰牛奶的杯中。接著依據自己喜好，酌量灑上一些玫瑰花瓣，享用月光抹茶魔藥。

虧凸月

實作2 打造祖先祭壇

對於許多女巫、巫師和其他進行魔法儀式的工作者來說，常做的魔法
儀式就是連結並榮耀祖先。我們每一個人都有祖先脈系，血脈相承著
在我們之前降生的那些人。透過榮耀祖先，我們得以連結自身的靈性
傳承，並認可他們的生命意義。以下是打造祖先祭壇的儀式。如果不
知道自己的祖先是誰也沒關係。你依舊能夠榮耀那些未知和被你遺忘
的血脈先祖、過世的摯友，甚至是土地上的神靈。

你會需要：

過世親人的照片。要注意這些照片中，不可以有任何活人。

一支白色七日祈禱燭

一杯水

硬幣或其他類型的錢幣

人類喜歡的美好事物（花卉、香菸、雪茄、紅酒、利口酒、食物等等。發揮你的創意！）

額外建議：

- **最佳時機：**虧凸月時的任何時間都可以，並定期榮耀祖先。

- **衣著：**白色。

- **薰香：**柯巴脂或檀香。

- **神靈：**黑卡蒂。

- **肯定句：**「我榮耀我的祖先。」

虧凸月

執行咒術：

一、先決定你要榮耀和連結的祖先有哪些，再將這些祖先的象徵物品好好擺設、布置。如果是家庭成員，收集逝者的照片、臨終前傳給你的小飾品、他們生前喜歡的物品。

二、找個地方打造專屬祖先的祭壇，並時常打理祭壇。與逝世親人維持強烈的聯繫會加深你與另一個世界的聯繫，同時也會確保你平安地連結另一個世界。

三、在祖先祭壇的中央放上白色蠟燭。布置好照片和獻給祖先的物品，隨你心意擺設。祭壇上至少隨時供一杯清水，獻給祖先。清水每天都要換，代表你對逝者略表感謝的態度。逝者也特別喜歡錢財，尤其是金幣和他們生前的壞習慣，例如菸酒，你可以獻上一瓶酒或一包菸。

四、祭壇打造好之後，點燃白色蠟燭，呼喚你的祖先。讓他們知道你對他們的愛，讓他們知道你並沒有遺忘他們。請他們蒞臨祭壇，告訴他們此處會是你榮耀他們的地方。

五、準備一道餐點獻給他們，餐點是他們曾經喜歡吃的食物。將餐點分一些放在祭壇上，而你在祭壇前享用剩下的部分。將餐點留在祭壇上，直到餐點開始腐壞後就可以拿走倒掉了。

六、每天撥空與祖先相處、講講話，而不是只有在你對他們有所求時才找他們協助。祖先永遠與你同在，關心你且愛著你。跟他們分享你生活中的大消息、驚喜或你的擔憂。

虧凸月

實作3 擁抱障礙咒

一切的障礙都藏著讓我們學習和成長的體驗，因為擁抱這些障礙，我們才得以了解自己有多麼強壯。

你會需要：

一把刀或牙籤一支

依據自己的性別認同，準備一支符合你的白色人形蠟燭

檸檬精油

圓形砂鍋或防火盤　　　　一湯匙的乾燥薄荷

一湯匙的乾燥檸檬皮　　　　一茶匙的岩鹽

額外建議：

- **最佳時機**：虧凸月於星期六；當天的土星時間；月亮落在天蠍座或摩羯座。

- **衣著**：黑色或白色。

- **薰香：**柯巴脂或檀香。
- **神靈：**莉莉絲。
- **肯定句：**「我擁抱生命中的障礙。」

執行咒術：

一、用刀或牙籤在人形蠟燭上刻下自己名字，並用檸檬
精油塗抹蠟燭，將蠟燭放在圓形砂鍋或防火盤的中
央。

二、均勻混和乾燥藥草和岩鹽後，畫一個圓圈圍繞蠟
燭。

三、點燃蠟燭，口唸咒語：

> **藉此燭光，感恩發光，感謝生命中一切難關，**
> **因其蘊藏機會能成長，穿越障礙以及挑戰，**
> **內在力量開始綻放，我的力量因而湧現。**

四、趁著燭光燃燒時，回想現在遇到的障礙與挑戰，思
考你能從中學到什麼、獲得什麼機會。

實作4 榮耀憤怒咒

榮耀憤怒等於榮耀你自己，等同於宣告宇宙：「我值得更好的一切！」榮耀憤怒不只是幫助你設下健康的界線，也能讓宇宙知道你不想要的是什麼，好讓你可以專心致力於你想要的一切。

你會需要：

你喜歡的音樂，音樂傳達出憤怒的氛圍

接骨木花精油

一支紅色蠟燭

額外建議：

- **最佳時機：**虧凸月於星期二或星期六；當天的火星時間或土星時間；月亮落在牡羊座、天蠍座或摩羯座。

- **衣著：**黑色。

- **薰香：**龍血。

- **神靈：**黑卡蒂或莉莉絲。

- **肯定句：**「我感謝我的憤怒情緒。」

執行咒術：

一、播放能夠激發你憤怒情緒的強烈音樂，讓你進入憤
　　怒的情緒狀態。

二、用接骨木花精油塗抹在你的前額、喉輪、心窩和蠟
　　燭。點燃蠟燭，並思考所有讓你生氣憤怒的事情，
　　如過去的關係、不公正的事件等等。

三、心念專注於內在的憤怒情緒，並說：

> **此時正在此夜中，召喚內心的憤怒**
> **願其升起，願其自由。**

四、對著蠟燭，發出你最深層、最本能原始的尖叫嘶吼。

五、嘶吼完後，凝視著燭火，並說：

> **燭火燃燒，榮耀憤怒。**
> **呼喚我內在的怒火，蛻變成健康的界線。**

六、讓蠟燭燒盡後，在虧凸月的月光下，將殘餘的材料
　　埋入土中。

虧凸月

榮耀關係／友誼咒

我們都需要愛，與任何人共創親密的夥伴關係也是美好的人生體驗。
親密的關係則不一定與愛有關。堅固的友情或家人間的羈絆也會產生
親密感，進而消融內心的孤獨。這項咒術可以用於愛情關係、友情或
親情，也能向宇宙宣告你有多麼感恩他／他們進入你的生命，帶來踏
實的安全感、堅毅的力量與親密的愛。

你會需要：

對方（一人或兩人以上）的照片

一個大碗

一杯礦泉水

一支粉紅色的七日祈禱燭

梔子花精油

大片的珍珠母貝（一片象徵一個人，你自己也要一片。

網路上都買得到珍珠母貝）

一支粉紅色玫瑰

一個粉紅色抽繩袋

額外建議：

- **最佳時機：**虧凸月的第一天；當天的金星時間；月亮
  落在金牛座或天秤座。
- **衣著：**粉紅色。
- **薰香：**玫瑰。
- **神靈：**阿芙蘿黛蒂／維納斯、塞勒涅／盧娜或是葉瑪
  亞。
- **肯定句：**「我感謝『他／他們的姓名』。」

執行咒術：

一、放好照片，並在照片前放上碗，在碗裡裝滿水。

二、將蠟燭放入碗中央，並用梔子花精油塗抹蠟燭。

三、點燃蠟燭，口唸咒語：

藉此火光，我慶祝與「姓名」的關係／友情。

四、拿起一片珍珠母貝，並說：

願你代表我內在的感恩。

將珍珠母貝擲入碗裡的水中，再拿起下一片珍珠母貝，並說：

願你代表「姓名」的純潔。

有多少人，就重複幾次這句話。

五、拿起玫瑰，一片、一片，摘下花瓣落入碗中。回想你與對方共享的情誼，想想你跟對方共創的美好回憶，想著你有多麼高興能在生命中遇見對方。摘下花瓣時，口唸咒語：

玫瑰啊玫瑰，美麗與優雅，代表感謝與愛。

六、凝視著燭火，誦唸以下咒語：

我非常感恩與「姓名」的關係／友誼。
我的感恩之情如燭火閃耀。

七、讓蠟燭繼續燃燒，過程中回想你們之間的美好故事，並觀想你想與他／他們在未來想要打造的回憶。熄滅蠟燭，接下來的每天晚上都重新點燃蠟燭，直到虧凸月的月相結束。等到第七天晚上，碗中的水應該也蒸發掉了，花瓣也已乾枯。接著，將珍珠母貝和乾掉的花瓣放入粉紅色抽繩袋，並將袋子放在照片前。用梔子花精油塗抹抽繩袋，重新點燃蠟燭（如果蠟燭還沒燒完的話），在之後的每一次虧凸月期間都重新點燃這支蠟燭，直到蠟燭完全燒盡。

虧凸月

實作6　月光感恩儀式

這個感恩儀式可以用來慶祝生命中的任何豐盛。

你會需要：

幾支白色蠟燭

檸檬精油

薰衣草精油

瀉鹽

一只玻璃杯

幾支玫瑰花

一張白紙

一支筆

一張黑紙

大釜或防火碗

額外建議：

- **最佳時機**：虧凸月相時的任何時間點都可以。
- **衣著**：白色或銀色。

- **薰香**：茉莉、薰衣草或檀香。

- **神靈**：任何一位。

- **肯定句**：「我感謝生命中的豐盛。」

執行咒術：

一、儀式前先泡澡沐浴。在浴室點燃幾支白色蠟燭，加幾滴檸檬精油和薰衣草精油到浴缸中，再加幾匙瀉鹽，淨化自己。從浴缸起身前，用玻璃杯裝一些泡澡水。

二、進入儀式空間，並用玫瑰花裝飾祭壇。用第二章（見50頁）教導的方式，畫出魔法圓結界。點燃一支白色蠟燭，並宣告：

本次儀式的目的是獻上我的感謝。
藉此燭光，月光漸虧，
我感謝生活中出現的豐盛。

虧凸月

三、感謝任何神衹、神靈或祖先爲你帶來豐盛。

四、在白紙上，寫下你在生活中已經顯化的豐盛事項；
　　在黑紙上，寫下讓你更加茁壯的過往難關。

五、用燭火點燃白紙的角，並丟進大釜燃燒，口唸咒
　　語：

　　　　請接納我在此信上寫的感謝，
　　　　感謝我接收到的所有豐盛祝福。
　　　　願火元素轉化我的感恩之情，
　　　　讓它隨風翱翔。

六、讓白紙繼續燃燒，接著拿起黑紙點燃一小角，丟進
　　大釜，並說：

　　　　請接納我在此信上寫的感謝，
　　　　感謝我至今遭遇的難關。
　　　　願火元素轉化我的感恩之情，
　　　　讓它隨風翱翔。

七、靜坐下來，冥思著內心的感激之情。紙張燒盡也冥
　　思完後，將泡澡水倒入釜中，並說：

> 藉由水元素之魔力，
>
> 藉由內在的情緒流動，
>
> 我獻上滿滿的感恩之情。

八、拿起一支玫瑰，摘下花瓣放進釜中，口唸咒語：

> 藉由土元素之魔力，
>
> 豐盛之根基，
>
> 我獻上滿滿的感恩之情。

九、結束儀式，將大釜拿到戶外。將釜中的東西倒在地
　　上，並宣告：

> 月神啊，
>
> 請接受這感恩的獻禮，
>
> 感謝您為我的生命帶來豐盛！

實作7　減法生活月亮咒

我們生活在物質至上的世界，人們常透過一個人擁有多少物質來判定對方是否成功。然而，物質至上往往伴隨著物質浪費。這個咒術的目的，是要協助你思考你真正需要的是什麼，並感謝你已經擁有的一切。除了春季時大掃除，我們也隨著月相來大掃除。

你會需要：

一支白色蠟燭　　　　　　你不再需要的任何物品

香草精油　　　　　　　　箱子或袋子

額外建議：

- **最佳時機：**虧凸月於星期六；當天的土星時間；月亮落在天蠍座或摩羯座。

- **衣著：**黑色或白色。

- **薰香：**鼠尾草或乳香。

- **肯定句：**「我簡化自己的物品，並感謝已經擁有的一切。」

執行咒術：

一、夜幕降臨時，用香草精油塗抹白色蠟燭。點燃蠟燭，口唸咒語：

> **我感謝我擁有的一切，我感謝我需要的一切。**
> **我釋放不再需要的物品，將其回贈所需之人。**

二、開始在家中四處收拾無法讓你怦然心動的物品。感受自己選擇放下時內心浮現的力量，感謝這些物品曾帶給你的一切。

三、將所有物品都裝進袋子或箱子裡。將袋子綁起來或蓋上箱子的蓋子時，向你的物品好好道別。當你對這些物品放手時，也是讓它們流通給其他需要的人，同時清出生活中的空間，讓宇宙為你帶來更多豐盛。

四、將這些物品捐給需要的朋友或是流浪之家、二手店或其他機構。

虧凸月

実作8 事先捐款咒

回饋是累積豐盛的有效方式。但這個咒術要你真的事先給予金錢，出於慷慨而將金錢提供給需要的人。

你會需要：

一只乾淨的紅酒瓶

一顆黃鐵礦

你要捐贈的金錢

一張紙

一支筆

線繩

額外建議：

- **最佳時機**：虧凸月相時的任何時間點都可以。

- **衣著**：綠色、銀色或金色。

- **薰香**：薰衣草或薄荷。

- **神靈**：阿提米絲／黛安娜、南納／辛或葉瑪亞。

- **肯定句**：「我感謝宇宙、月亮魔力為我帶來生活中的豐盛。」

執行咒術：

一、將黃鐵礦和金錢放入酒瓶，放入這些物品時，腦海中想著收到這些錢你會多麼感恩，想著這些錢對於需要的人來說是多麼有意義。

二、在紙上寫下給陌生人的訊息。可以參考以下範例：

> 您好，
>
> 我的名字是「姓名」，
>
> 我希望您接受這筆豐盛，
>
> 讓這筆錢隨您使用。
>
> 如果您不需要，
>
> 或許您可以再放入一些金錢，
>
> 交給您認為需要的人。
>
> 祝好，
>
> 「你的姓名」

三、將線繩繫在酒瓶上，將酒瓶放在窗戶旁吸收月光。

　口唸咒語：

漸虧的月光照耀，

我將部分的自己給予需要之人。

四、將酒瓶放一整晚，隔天早上把酒瓶拿到路邊，或隨
　　意放在一間房子或慈善機構的階梯上。

實作9 感謝大地咒

準備好，我們要來郊遊了。為了榮耀和感謝大地，我們要到戶外去並且來場尋寶遊戲。我們要在戶外搜尋覓食，尋找能用於魔法儀式的藥草和物品。進入荒野之中，一路上收集物品，這會培養你的直覺力，開始注意到你周遭的土地。如果你住在都市，例如紐約、芝加哥或大城市，你還是可以做這個儀式，因為你居住的地區擁有獨特的東西可以用於儀式。最重要的是要享受這個過程。雖然晚上進行會比較符合月亮魔法的意義，但為安全起見，還是早上尋寶比較好。

要記得運用你的魔法來尋寶！

你會需要：

一個背包

尋寶時採集到的自然物

一支你喜歡的線香

額外建議：

- **最佳時機：** 虧凸月於星期六；當天的土星時間；月亮落在天蠍座或摩羯座。

- **衣著：** 舒適的衣服。

- **肯定句：** 「我榮耀我行走的土地，我榮耀大地，我榮耀我的家。」

虧
凸
月

執行咒術：

一、下午時，到大自然中，讓直覺帶領你尋找吸引你的東西。可能是樹枝、花朵、石頭或其他東西。採集時，思考它們蘊藏的魔力，與它們連結。

二、黃昏時分，前往天然水域，將這些物品精心豎立起來（天然水域可能是小溪、小河、湖泊、海洋或其他你可以安全前往的水域）。這個步驟是打造天然的小祭壇獻給大地。依照你的心意布置這些物品，傳達出你對大地的感謝。

三、點燃線香，在祭壇上方畫一個五芒星。跪在祭壇前，將雙手深深伸進土壤中，感受大地的力量。重複以下咒語：

日落月升，月亮魔法，即將開始。
我感謝大地，我感謝地球，我感謝我的家。
我感謝大自然展現的自然魔力。
我帶著滿滿的愛意、美好與恩典，
我榮耀這片土地、這片神聖之地。

四、此時，靜心冥想著大地的奇蹟美好。等到你覺得完
成後，就可以離開了。之後可以隨著直覺繼續儀
式，收集吸引你的自然物，獻給大地，繼續榮耀這
美好的地球。

虧凸月

第 9 章

下弦月：寬恕

下弦月是整個虧月期間的中間點。

這也是月光剛好只有一半的另一個月相，

而下弦月剛好是透過寬恕來療癒情緒創傷的大好時機。

寬恕是為我們的生命帶入更多豐盛的關鍵之鑰，

因為寬恕能夠催化我們的個人成長並創造幸福。

如同上弦月，下弦月也同樣只維持一天。

然而你依然可以在下弦月的前一天和後一天，運用這股能量。

懷抱寬恕之心向前邁進

　　利用以下的空格，寫下你想要原諒自己和他人的事情，也寫下你想請求他人原諒的事情。例如，「我原諒自身的失敗，將之視爲學習的機會」、「我原諒傷害過我的人，並同情他們在如此待我的時候，內心一定痛苦萬分」，以及「我請求『某某某』的原諒」。你可以將寬恕的內容與你在第三章的心願連結在一起，或是毫無相關也行，因爲寬恕終究會在更廣的層面上，幫助你吸引更多豐盛。

_____

_____

_____

_____

_____

下弦月

　　在我們來到下一階段的月相（殘月），進行更深層和更聚焦的釋放與放下之前，寬恕是第一步。若是你覺得可以試試，就透過以下咒術來開始寬恕一切。

實作 1　香檳止痛劑

寬恕伴隨著苦痛。其實，寬恕的過程可能很痛苦，但最終的結果充滿甜美，因為原諒能治癒心靈。這份「香檳止痛劑」運用接骨木花和檸檬的保護特質，以及利用香檳的歡愉感受來撫平你的情緒。這份魔藥可以單獨享用，或是搭配後續的咒術與儀式。

你會需要：

長型香檳杯

十四公克的接骨木花利口酒

十四公克的新鮮檸檬汁

八十五至一一三公克冰鎮後的香檳、義大利普羅賽克氣泡酒（prosecco）或西班牙卡瓦氣泡酒（cava）

檸檬皮（選擇性）

新鮮草莓（選擇性）

額外建議：

- 如果不喝酒，可用冰白茶、接骨木花糖漿和檸檬汁代替酒精。

- 你可以自己製作接骨木花糖漿，將一杯水、一杯糖和二分之一杯的烹飪用接骨木花加進平底鍋中。開火煨煮十分鐘，直到糖漿變得濃稠。過濾後倒入密封容器，挑掉殘留的花屑，放進冰箱冷藏保鮮。

製作魔藥：

一、先冰鎮過長型香檳杯。

二、倒入接骨木花利口酒和檸檬汁。

三、接著加入香檳。

四、如果你喜歡，可以加一片檸檬皮或草莓來點綴。

五、靜心冥思著寬恕與寬恕的意義時，在你的月亮魔法祭壇前好好坐著享用。你要原諒誰？你願意放下並前進的事件是什麼？反思這些，並讓內心獲得療癒。

下弦月

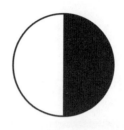

實作2 擁抱脆弱咒

許多人排斥脆弱感，害怕脆弱會導致情緒洶湧。但是，脆弱是通往所有情緒的橋梁。這個咒術是簡單的儀式浴，召喚水元素的魔力中那情緒化、脆弱的本質。

你會需要：

薰衣草精油　　　　　　　　一支白色蠟燭（任何尺寸）

迷迭香精油　　　　　　　　一顆紫水晶滾石

三支深藍色蠟燭（任何尺寸）　深藍色泡澡錠（bath bomb）

三支藍色蠟燭（任何尺寸）

額外建議：

- **最佳時機**：下弦月於星期一；當天的月亮時間；月亮落在巨蟹座或雙魚座。

- **衣著**：裸體。

- **薰香**：薰衣草。

- **神靈**：葉瑪亞。

- **肯定句**：「我擁抱脆弱。」

執行咒術：

一、每支蠟燭各塗抹一滴薰衣草精油和迷迭香精油，並將蠟燭擺放在浴缸周圍。

二、放好熱水。各加三滴精油到水中，並將紫水晶放入浴缸中。點燃蠟燭，並關掉浴室的燈。

三、將泡澡錠丟進水中，並泡進浴缸裡。看著泡澡錠在水中滋滋作響、散發出泡泡，將浴缸中的水染成藍色。閉上雙眼，沉澱心神，呼喚月亮和潮汐：

如同月球牽引潮汐，我的心牆也應消散。
藉由周圍的水之力，我允許自己擁抱脆弱。

四、好好享受你的泡澡時光，思考如果可以再脆弱一點、再敞開一點、再多愛一點的話，你能散發多少喜悅。結束後，拔掉浴缸的塞頭，讓水自然流乾，但你先別離開浴缸。當浴缸的水空了之後，說：「我原諒自己，我擁抱脆弱。」

下弦月

實作 3　寬恕失敗咒

我們要停止自怨自艾，並原諒自己的失敗，才能夠繼續前進。

你會需要：

一面鏡子

能夠裝得下所有材料的小碗

礦泉水

一撮鹽

一撮糖

一支淡藍色的祭祀蠟燭

一顆珍珠或薔薇輝石滾石

額外建議：

- **最佳時機**：下弦月於星期一；當天的月亮時間；月亮落在巨蟹座。
- **衣著**：白色、藍色或粉色。
- **薰香**：茉莉。
- **神靈**：阿提米絲／黛安娜、阿芙蘿黛蒂／維納斯或葉瑪亞。

・肯定句：「我已經原諒我的失敗。」

執行咒術：

一、選一面用來施咒的鏡子，可以是私人衛浴中的鏡子、一面手持鏡或攜帶式小鏡子。

二、在碗裡倒滿礦泉水，加入鹽和糖。用慣用手的食指，逆時針攪動三次碗裡的水。

三、將蠟燭放進碗中，再放入珍珠或薔薇輝石。點燃蠟燭，口唸咒語：

藉由鹽與糖，藉由水與火，

對立之中綻放湧現的渴望。

我釋放失敗感，並視之為成功。

帶來個人成長，真心祝福予我。

四、用手指沾一點水，並塗抹在你前方的鏡面上，逆時針畫圈。深深凝視自己的雙眼，口唸咒語：

我的失敗其實是祝福。

五、吹熄蠟燭，留著材料，之後如果再次被挫敗感包圍時，就重複這項咒術。

下弦月

實作4 原諒他人傷害咒

當他人傷害你的時候,他們通常也是在傷害自己。受到委屈儘管令人難受,但同樣重要的是,要對他們產生悲憫之心。這項咒術協助你釋放如千斤重的痛苦,並接納寬恕釋懷後的輕鬆感。

你會需要:

一顆深色石頭　　　　　　一根白色羽毛

額外建議:

- **最佳時機**:下弦月於星期一;當天的月亮時間;月亮落在巨蟹座。
- **衣著**:黑色或白色。
- **薰香**:薰衣草或玫瑰。
- **神靈**:阿提米絲/黛安娜或葉瑪亞。
- **肯定句**:「我寬恕並原諒『姓名』。」

執行咒術：

一、到戶外，沐浴在月光下，右手拿著石頭，左手拿著
　　羽毛，閉上雙眼，口唸咒語：

> **輕如羽毛，重若石頭，**
>
> **我寬恕「姓名」，原諒你曾帶給我的傷害。**

二、將拿著石頭的右手伸到前方，將該事件產生的所有
　　負面情緒導引到石頭中。將石頭丟出去，並說：

> **我釋放重重壓在內心的痛苦。**

三、將拿著羽毛的左手伸到前方，觀想你自己和傷害你
　　的人都在一起，心念專注想著你與對方曾共創的美
　　好時光與回憶，想著你希望與對方在未來也能繼續
　　有美好的回憶。口唸咒語：

> **羽毛帶來輕盈與優雅，**
>
> **我原諒你，讓我們放下過去，共同前進。**

四、將羽毛吹入風中。儀式後打鐵趁熱聯繫對方，懷著
　　寬恕之心盡釋前嫌。

下
弦
月

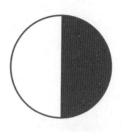

實作5 月光解脫咒

你曾急於想要掙脫束縛而獲得自由嗎？由於生活環境與現狀，我們時常會感覺自己被許多糟糕的事情纏縛，感覺自己身陷囚牢之中無法掙脫。如果要創造生命的豐盛，這樣的感受會是侵蝕豐盛的致命毒藥，因為負面想法和負面模式會局限你創造成功的能力。這項咒術會協助你從自我局限中解脫並帶來寬恕。

你會需要：

一支白色長型蠟燭

一把刀或牙籤一支

四條黑色細線

四顆方尖黑曜石（至少六公分高）

一個圓形披薩盤

一張寶劍八塔羅牌

一顆石榴石

迷迭香精油

額外建議：

• **最佳時機**：下弦月於星期二或星期六；當天的火星時間或土星時間；月亮落在牡羊座、天蠍座或摩羯座。

• **衣著**：黑色。

• **薰香**：龍血。

• **神靈**：阿提米絲／黛安娜或莉莉絲。

• **肯定句**：「我從限制中解脫。」

執行咒術：

一、白色蠟燭象徵你自己，也代表從局限中解脫後的自由。在蠟燭上刻下你的名字。將自己身體的一部分也塞進刻痕裡，例如唾液、毛髮、指甲或血液，將你跟蠟燭的能量連結起來。

二、用每一條黑線繫在每一顆方尖黑曜石上，每一條線的長度都要一樣。將線繩的另一端綁在蠟燭上。

三、將蠟燭放在圓形披薩盤的中央，黑曜石放在東、南、西、北四個方位。確定每條線都有綁緊。

四、在你跟儀式材料之間，放一張寶劍八塔羅牌。寶劍八象徵自我局限，代表因為恐懼而生的心理困境。這張牌的象徵非常有意義，能夠為你帶來需要的自由。將石榴石壓在寶劍八上，石榴石能帶來個人力量與成長。

五、用迷迭香精油慢慢滴在蠟燭上，誦唸以下咒語：

月神聽我呼喚，月神聽我請求，
我請求你協助我重獲自由！
剪斷束縛、獲得解脫
讓我活出新的未來！

六、看著蠟燭往下燃燒，最後燭火會往下燒到綁著的黑
　　線。黑線會自己鬆脫，或是被燭火燒斷。線鬆脫或
　　斷掉時，雙手大力拍掌一聲，凝視著火焰，口唸咒
　　語：

儀式完成，咒術生效。
我自由自在，願如所祈願。

七、讓蠟燭燒盡，過程中靜心冥想，冥思著重新獲得的
　　自由。

八、繼續生活，並認知到自己已經打破自我限制，重獲
　　自由了。下一次，如果又覺得自己被局限住，坐在
　　黑曜石之間，冥想著寶劍八這張牌的意義。

實作6 公平正義咒

公平正義也是寬恕的其中一個面向，因為正義能為事情帶來必要的了結，並協助我們繼續向前生活。生活，包括巫術，並不總是充滿著愛與光。其中也蘊含著黑暗陰影，如同月亮。如果有人傷害了你，你可以進行公平正義咒，釋放這件事情，或在更廣的層面上帶來社會正義。吹噓和公開你的咒語基本上沒有任何好處，我也不鼓勵這樣做，而更重要的是不要洩漏你在做公平正義相關的咒術，因為對方可能會聽到風聲，並採取行動保護自己。

你會需要：

- 一張對手的照片
- 一份高約翰的根
- 一張塔羅牌中的正義牌
- 一張塔羅牌中的審判牌
- 兩支橙色蠟燭和燭台

- 一把刀或牙籤一支
- 一支紫色蠟燭
- 三滴迷迭香精油
- 三滴黑胡椒精油
- 黑色膠帶

額外建議：

- **最佳時機：** 下弦月於星期六；當天的土星時間；月亮落在天秤座。
- **衣著：** 紫色、橙色或黑色。
- **薰香：** 乳香。
- **神靈：** 黑卡蒂。
- **肯定句：**「我為『某某事』伸張正義。」

執行咒術：

一、將對手的照片放在祭壇中央，高約翰的根壓在照片上方。將正義牌橫放，放在照片正右方，牌面的頂端朝外，將審判牌橫放，放在照片正左方，牌面的頂端朝外。

二、把橙色蠟燭等距放在兩張牌的後面。

三、在紫色蠟燭上刻下土星的行星符號，各滴三滴迷迭香精油和黑胡椒精油在刻痕上，仔細塗沫。將紫色蠟燭放在照片後面。點燃蠟燭，並說：

下弦月

為了我不再煩惱煩心，

公平正義必在此到來。

宇宙間的一切力量，我呼喚您，

光明與黑暗平分兩半的虧月啊。

此時正在此夜中，業力掌管這一切。

四、拿起紫色蠟燭，稍微傾斜讓蠟液滴在照片中對方的
　　臉上，接著將紫色蠟燭壓在照片上（對方臉上）。

五、右手放在正義牌上，左手放在審判牌上，口唸咒
　　語：

願正義與審判的力量升起，

兩兩並肩與我同在。

我請求你的協助，

修正「大聲說出情況」的錯誤，

讓「事件負責人的姓名」實現公平正義。

六、現在拿起照片，高約翰的根一樣放在照片上，開始
　　用黑色膠帶將這兩個物品綑綁住，束縛這個人，讓
　　他無法再做任何壞事。綑綁的過程中，口唸咒語：

　　我束縛「姓名」。

七、將用膠帶纏好的照片放回中央，將這些物品繼續留
　　在祭壇上，每天在土星時間回到祭壇前，重新點燃
　　蠟燭，並重新做一次儀式，直到蠟燭完全燒完。

下弦月

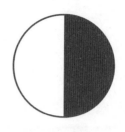

實作7 聖杯皇后慈悲咒

這項咒術也會用到塔羅牌，呼喚慈悲之心消融愧疚之心。

你會需要：

一張塔羅牌中的聖杯皇后牌　　一顆粉晶滾石

一個小杯子或小高腳杯　　　　一個皇冠飾品

一支白色或粉紅色玫瑰　　　　一個淡粉色或藍色束口袋

礦泉水

額外建議：

- **最佳時機**：下弦月於星期一；當天的月亮時間；月亮落在巨蟹座。
- **衣著**：白色、藍色或粉色。
- **薰香**：茉莉。
- **神靈**：阿提米絲／黛安娜、阿芙蘿黛蒂／維納斯或葉瑪亞。

• 肯定句：「我慈悲對待自己。」

執行咒術：

一、將聖杯皇后牌直立放在祭壇上，讓牌面可以正面朝向你，接著將杯子放在牌的前方。

二、摘下玫瑰花瓣，用花瓣在杯子和牌的周圍排出心形。此時，升起慈悲心看待自己，看待讓你心有愧疚的難關與事件。

三、在杯子裡倒滿礦泉水，再把粉晶和皇冠飾品放進水中。

四、閉上雙眼，呼喚聖杯皇后的慈悲心：

我呼喚聖杯皇后的能量，

獻上我的愧疚，請求恩典降臨。

我想要擁抱的是內心的慈悲。

五、凝視著聖杯皇后牌，思維慈悲之心。

六、將這些儀式物品留在祭壇上，直到杯中的水已經完全蒸發、花瓣乾枯。將水晶、飾品和乾燥花瓣放進束口袋。在你需要慈悲之心時，攜帶這個魔咒袋或拿著它來呼喚慈悲的能量。

下弦月

實作8 連結內在陰影咒

陰影自我（shadow self）是我們內在黑暗、忽視的面向，也是對社會來說屬於禁忌的面向。陰影自我充滿嗔恨、痛苦、一些黑暗又扭曲的性格。陰暗的性格也被認為是潛意識的暗流，影響我們的行為舉止。人們時常覺得壓抑內在的陰暗面是比較好的方式，但是更重要的是要連結內在的陰影面。畢竟，連月亮都得經歷完全黑暗無光的時刻，如此月亮才能重生，如此我們才能同理陰暗。

你會需要：

一支黑色蠟燭　　　　　　乾燥迷迭香

艾草精油　　　　　　　　一顆黑色月光石

額外建議：

- **最佳時機：**下弦月時的任何一晚都可以。
- **衣著：**黑色。
- **薰香：**乳香、檀香或柯巴脂。
- **神靈：**黑卡蒂或莉莉絲。
- **肯定句：**「我與自己的陰暗相融。」

執行咒術：

一、用艾草精油塗抹蠟燭，並滾動蠟燭沾上乾燥迷迭香。

二、將蠟燭放在祭壇上點燃，熄滅房內所有燈，除了燭光便只有全然的黑暗。

三、雙手握著黑色月光石，調整舒適的坐姿進行冥想。你可以在抱枕上盤腿而坐、躺在瑜伽墊上，或是舒服坐在椅子上。如果你選擇坐在椅子上，雙腳腳底要接觸地面，不要懸空在地板上。

下弦月

四、緩緩進入冥想。心念專注，從十數到一，清除紛亂的思緒。你可以在腦海中觀想數字像是電影一樣，在你面前倒數。

五、觀想自己在黑色沙灘的岸邊，冰冷潮濕。你看不見任何東西，只看見遠方有下弦月。你朝著月亮的方向走去，行經一大片荒蕪。

六、注意一下路上有沒有任何人、動物或生物。你感覺如何呢？儘管你會害怕，但要記得不要往後看，專注往前走。

七、你最終走到一個洞穴前。你看見洞口岩石上的蛇，牠們對著你發出嘶嘶聲，牠們要告訴你什麼訊息呢？這些蛇往下爬回洞穴裡，而你跟著牠們走進洞穴。

八、沿著蜿蜒的岩石路，你不斷往下走，最終走到洞穴中央。中央有著很大的篝火。你坐在篝火前，專心感受著黑暗中的溫暖火光。

九、很快地，有個披著斗篷的人從陰暗處走出來，在篝火對面跟你打招呼。他是你的陰影自我，並且想要向你傳達一些訊息。

十、在這樣的冥想出神狀態中，讓訊息自然浮現，讓畫面自己浮現。當你回到身體、回到現實，給自己一點時間沉澱。寫下你接收到的任何指引和訊息。獻上感恩，並解除魔法圓。

下弦月

實作9 和解寬恕咒

任何一種關係都可能會出現裂痕。無論你付出多少努力，無論你有意還是無心，對方也可能在某些時刻感到受傷。遇到這樣的情況，我們可以用製造甜蜜的咒術來創造和解的機會。甜蜜咒術廣泛存在於各種民間魔法儀式，這個版本來自傳統的胡督蜂蜜罐咒術，我將之改編。

你會需要：

一張正方形的紙

一支筆

一小罐蜂蜜

兩朵新鮮的白色玫瑰花苞

一份高約翰的根

一顆珍珠

一顆薔薇輝石滾石

一顆粉晶滾石

一條香草莢，切一半

一支白色錐型蠟燭

一個碗或一個盤子

額外建議：

- **最佳時機**：下弦月於星期一或星期五；當天的月亮時間或金星時間；月亮落在金牛座或天秤座。

- **衣著**：粉紅色或白色。

- **薰香**：玫瑰或茉莉。

- **神靈**：阿芙蘿黛蒂／維納斯或葉瑪亞。

- **肯定句**：「我深感抱歉，請求原諒。」

執行咒術：

一、先寫出你的訴求。在紙中央寫下對方的姓名（你請求原諒的人）三次，並大聲唸三次對方的姓名。將紙轉向，讓名字垂直，接著在對方的姓名上寫下你的姓名三次。現在，在旁邊不斷繞圈寫下「原諒」這兩個字，直到形成一個完整的圓。將紙對折兩半，放到一旁。

下弦月

二、打開蜂蜜罐，挖三口蜂蜜來吃。挖每一口蜂蜜時，
口唸咒語：

蜂蜜如此甜蜜，原諒我寬恕我。

三、將折起來的紙條深深塞進蜂蜜罐裡，並說：

黏黏又甜蜜，我請求寬恕與原諒，
在我與「對方姓名」之間。

四、將剩下的每個材料都放進去，並說出每個材料各自
要帶來什麼功用。

玫瑰花苞，讓寬恕盛開。
高約翰的根，賜予好運與成功。
珍珠，展現慈悲與恩典。
薔薇輝石，賜福慈悲與和諧。
粉晶，療癒情緒創傷。
香草，用甜蜜封存寬恕。

五、蓋上蜂蜜罐的蓋子，稍微燃燒蠟燭底部，讓蠟液融化後，將蠟燭牢牢黏在蓋子上。

六、將蠟燭放在碗中或盤子裡，並放到祭壇上。點燃蠟燭，閉上雙眼，口唸帶來寬恕的咒語：

一半的月光散發光芒，我請求事情修復正常。
「對方姓名」，願我們從黑夜的陰暗中走出來。
寬恕我，請原諒我。請你原諒我。

七、讓蠟燭燒一小時。每天都重新點燃蠟燭一小時，直到蠟燭完全燒盡熄滅，同時誦唸同樣的祈禱文，並觀想雙方和解。如果在你獲得對方的原諒前，蠟燭已經燒完了，那麼就再做一個蜂蜜罐，並重複整個儀式流程。一旦你和對方和好了，就將蜂蜜罐埋進土中。

下弦月

第 10 章

殘月：放手、釋放

從頭繞了一圈，我們來到月亮的最後一個月相。

殘月會持續七天，之後月光才會澈底消失並變成新月。

殘月期間從第一天到第七天，

月亮會越來越細，直到黑暗無光後重生成新月。

在月相週期的最後七天，

適合擁抱現實的陰暗面——必須經歷死亡方能重生。

這段期間適合跟往事一筆勾消，

並澈底放下那些於我們無益的一切，人生才能騰出空間迎接豐盛。

釋放帶來光明

這最後階段看起來可能有點嚇人，但可以說是實踐月亮魔法和召喚豐盛的重要過程。放下的核心在於擺脫對你無益的人事物，讓你魔法般地重生，在殘月時設定新的意圖、許下新的心願。用以下的空格寫下你想要釋放和澈底放手的人事物。例如，「我釋放自己，釋放對我不再有最大益處的人事物」、「我接受我與『某某人』的關係結束了，並繼續向前過我的生活。」

_____

_____

_____

_____

_____

在接下來的幾頁中，你會學到本書最後的幾項咒術和儀式建議。每一項咒術都與放手、放下和死亡有關。你可以依自己的狀況調整、進行。

殘月

實作1 放下人生水果酒

紅白酒都會經過發酵的過程,而發酵期正代表著果實轉變成紅白酒的轉化過程。桑格利亞水果酒來自西班牙,基底酒為紅酒或白酒,加入水果和其他果汁,讓酒的風味不只是大膽混搭,還多了甜蜜美好。因為殘月象徵死亡和放手,所以我們會用不甜的紅酒搭配一點甜甜的果汁,喝了會讓你甜甜地放手。

你會需要:

一包含有草莓糖漿的冷凍草莓　　二分之一杯的蔓越莓汁

一只裝水果酒的玻璃酒瓶　　　　切塊後的葡萄

一瓶不甜的紅酒　　　　　　　　切塊後的柳橙

二分之一杯的白蘭地　　　　　　切塊後的檸檬

二分之一杯的石榴汁　　　　　　少量的肉桂

額外建議：

- 不喝酒的人，就把酒精都替換成你喜歡的果汁。

- 因為殘月象徵月亮消逝，所以這杯魔藥最好製成冷飲
  來喝。

- 將沒喝完的魔藥用蓋子蓋好放進冰箱冷藏。

執行咒術：

一、提前一小時將冷凍草莓拿出來放在檯子上退冰，以
　　備後續製作水果酒。裡面的糖漿要退冰，但草莓不
　　用完全退冰，因為可以當冰塊來用。

二、將草莓和退冰後的糖漿倒入玻璃瓶，再倒入其他酒
　　精和果汁。

三、切好新鮮水果，並放進玻璃瓶。

四、依據自己的喜好，加一點肉桂，逆時針攪拌水果
　　酒，象徵逆轉和必要的放手。

殘
月

實作2 斬斷鎖鏈儀式

斷開繩索咒是一種療癒儀式，用來剪斷你與他人的情感連結。這個儀式的目的不是要製造仇恨，或是翻攪他人的生活，而是讓你從毒害你的關係中解脫。通常在感情關係或親密友情結束時，才會施作這種咒術，但是也可以用來釋放造成你精神痛苦的家人。

你會需要：

你的人像照　　　　　一支黑色長蠟燭

對方的照片　　　　　黑胡椒精油

打洞器　　　　　　　乾燥迷迭香

一條黑色線繩　　　　乾燥鼠尾草

一把刀　　　　　　　一個防火盤

額外建議：

- **最佳時機：**殘月於星期六；當天的土星時間；月亮落
  在天蠍座或摩羯座。
- **衣著：**黑色。
- **薰香：**柯巴脂或乳香。
- **神靈：**莉莉絲。
- **肯定句：**「我斬斷我與『對方姓名』之間的羈絆。」

執行咒術：

一、首先準備你自己的照片和對方的照片。如果你沒辦
　　法取得照片，就在一張紙上寫下對方的姓名。

二、在每一張照片上打一個洞。用黑線穿過每個孔洞，
　　讓兩張照片位於繩子的兩端。

三、用刀子在蠟燭的兩面各刻下你的名字，並用黑胡椒
　　精油塗抹刻痕，並把磨碎的藥草塗抹進刻痕裡。

殘
月

四、以舒服的姿勢坐著，點燃蠟燭。將防火盤放在身邊備用。閉上雙眼，觀想你跟要釋放的對方都在一條道路上。死死看進對方的雙眼，此時專心想著你所有的悲傷、痛苦、憤怒，讓你自己沉浸在不爽與憤怒中。要知道，你值得更好的生活，而且你再也不需要對方出現在你的生活中了。告訴對方：「我釋放你。」觀想自己抓住他的肩膀，把他轉過身來，你們開始背對背走離彼此。再也不要回頭。

五、一旦你感覺自己再也感受不到對方後，張開雙眼，雙手各拿起一張照片。綁緊線繩，舉至前方，並說：

我，「你的姓名」，釋放「對方姓名」。

此時此刻，我呼喚我的力量，

斬斷我們之間的鎖鏈，讓我解脫獲得自由

藉此火焰之魔力，藉由殘月之魔力，

此乃我願，斷開你我。

負面之事不復存在。

祝你一帆風順，因我已獲自由。

六、將線繩中央靠近燭火點燃，讓繩索斷開成兩段。把照片與繩索放到防火盤上，讓火焰自然熄滅。將對方的照片置於防火盤上，而你拿著自己的照片，感受自己跟他再無關聯，獲得自由。

七、將兩張照片分別丟棄在不同的地點，強化分道揚鑣的意圖。

實作3 黑暗女神儀式

如同眉月和滿月，殘月也是榮耀神聖陰性的時機，榮耀黑暗女神（Dark Goddess）的形象。黑暗女神象徵劇變與轉變。黑暗女神時常被認為是邪惡的女神，她實際、堅強又強壯；同時，她也充滿智慧與聰慧，給予你所需要的，而非你想要的；她也代表必須經歷死亡才能重生的過程，如同月亮從殘月走回新月的過程。向黑暗女神致敬讓我們得以了解，穿越艱難的人生課題，就能獲得靈性成長。

你會需要：

黑暗女神的象徵物（雕像、照片等等）

一支黑色蠟燭

幾支白色或銀色蠟燭

一束乾燥玫瑰花

一杯盛有「放下人生水果酒」的儀式杯（見300頁），

或是你喜歡的儀式祭酒

筆記本（選擇性）

額外建議：

- **最佳時機：** 殘月的前一晚。

- **衣著：** 黑色或深紅色。

- **薰香：** 乳香、檀香或柯巴脂。

- **神靈：** 黑卡蒂或莉莉絲。

- **肯定句：**「我歡慶內在的黑暗女神。」

殘月

執行咒術：

一、布置你的祭壇，把黑暗女神的象徵物放在祭壇中
　　央。將黑色蠟燭放在右側，白色或銀色蠟燭放在左
　　側。花束會放在黑暗女神象徵物的後方，而裝滿祭
　　酒的儀式杯則放在前方。

二、畫出魔法圓結界，並依序進行第二章所述的儀式步
　　驟（見50頁）。魔法圓畫好後，邀請黑暗女神降臨
　　這神聖空間。閉上雙眼，向上敞開雙臂，呈「Y」
　　字型，朝向月亮。呼喚她降臨此處，口唸咒語：

　　　　我呼喚身為月神的黑暗女神，

　　　　象徵轉變的母親，您用黑暗吞沒銀月。

　　　　您隱身於陰暗之中，您也是死亡和衰退的女神，

　　　　創造一切的黑夜之水，我內在的意識原初之海。

　　　　就在今晚，我榮耀您，

　　　　擁有許多名諱的黑暗皇后啊。

　　　　當月亮回歸新生，我憶起您的力量與光榮。

　　　　我擁抱黑暗，並臣服於您帶來的轉變與重生。

三、鞠躬禮敬女神，並立即向女神敬一杯酒。啜飲一口水果酒或你選擇的儀式祭酒。但是不要整杯喝掉。

四、坐下來在心中禮敬黑暗女神，想著那些阻礙你的一切，思維著那些為了成長，你必須徹底放手的一切。記得將你心中獲得的啟示寫在筆記本中，以便日後回顧。

五、當你覺得儀式可以結束了，向女神表達感謝，並解除魔法圓結界。將祭酒留在祭壇上，獻給女神。當祭酒開始酸敗發霉的同時，象徵著黑暗女神的轉化之力。

殘月

實作4 凍結惡習咒

凍結咒術是用來阻止他人或事件繼續對你造成傷害，也可以用來凍結你不喜歡的某種生活習性，或是阻止他人對你的生活造成麻煩。為了吸引更多豐盛，有時候你必須凍結負面的人事物，阻止它們繼續擴散。

你會需要：

來自天然水源的水　　　　　一支黑筆

一個可密封的玻璃罐　　　　一張黑色紙條

黑胡椒　　　　　　　　　　炭餅

鼠尾草

額外建議：

- **最佳時機：** 殘月於星期六；當天的土星時間；月亮落在天蠍座或摩羯座。

- **衣著**：黑色。
- **薰香**：鼠尾草或乳香。
- **神靈**：阿芙蘿黛蒂／維納斯或葉瑪亞。
- **肯定句**：「我凍結『造成麻煩的對方姓名』，我得以解脫。」

執行咒術：

一、從天然水域取水，例如湖泊、河流、溪流、瀑布或海洋。將水倒入玻璃罐中。

二、研磨黑胡椒和鼠尾草後，倒入罐中。

三、用黑筆在黑色紙條上寫下壞習慣、人名或你希望凍結的事件，再將紙條放入罐中。

四、將炭餅磨成炭粉，倒入罐中水裡。蓋上蓋子，再用雙手大力搖晃玻璃罐，同時口唸咒語：

> **阻止我燦爛閃耀的惡習惡行**
> **我的惡習，你的惡習**
> **此時此刻，從此凍結！**

五、將玻璃罐放進冷凍庫。

殘月

月光招魂術

殘月是與過世摯愛連結的絕佳時間。招魂術（Necromancy）這個詞彙，意謂著招喚靈體來進行巫術。這個儀式的過程，會要你從祖先祭壇著手，讓祖先祭壇成為與過世親人連結的方式。

你會需要：

逝者的墳土

硬幣

骨灰或是一個碗（此為選擇性的材料）

一道逝者生前最愛的餐點

三支黑色蠟燭以及燭台

黑色蕾絲布料

一個碗

一個人類頭骨模型

白色百合花

兩把骷髏頭鑰匙（在手工藝品店很容易買到）

一張逝者的照片

一瓶紅酒

一茶匙的蜂蜜

一個杯子或儀式杯

薰衣草或柯巴脂薰香

額外建議：

- **最佳時機**：殘月於星期六；當天的土星時間；月亮落
  在天蠍座或摩羯座。

- **衣著**：黑色。

- **神靈**：黑卡蒂。

- **肯定句**：「我連結『逝者姓名』，與之溝通。」

執行咒術：

一、舉行儀式前，從你要溝通交流的逝者墳上，取一些墳土，並留下幾個硬幣作為交換，獻給亡靈。如果逝者是火葬而非土葬，你可以用它的骨灰罈代替墳土。或者，你可以用土壤或甕罐代替（例如花園的土壤，或你喜歡的花瓶），只要你為這個替代物注入象徵意圖就好。

二、從準備逝者最愛的餐點開始，布置餐桌，準備你與逝者的位置。在餐桌中央點燃黑色蠟燭，此外要先確定餐點中沒有任何鹽在裡面，因為鹽巴會驅逐逝者的靈體。

三、將黑色蕾絲布料蓋住頭部，讓自己蓋著罩紗。你也可以在魔法祭壇或祖先祭壇上進行這個儀式。將墳土（如果你有取得墳土的話）倒入碗中，再將頭骨放上去。將碗放在祭壇中央，並將插著白色百合花的花瓶放在碗的正後方。如果你用的是骨灰罈，就將骨灰罈放在頭骨後方，百合花放在骨灰罈正後

方。將骷髏頭鑰匙排成「X」型後，放在頭骨正前方。將剩下的蠟燭放在祭壇上左右兩側，讓燭光照亮空間，視你心意和感覺，隨意增加你想要放的物品。

四、在杯中倒入紅酒，再加一茶匙蜂蜜，獻給逝者，接著點燃蠟燭和薰香。

五、坐在祭壇前，呼喚逝者的靈魂進入頭骨中。拿掉你頭上的黑色罩紗，將兩把鑰匙分開，象徵打開人間與冥界的薄幕，打開溝通與交流的門戶。在燭光下靜靜享用餐點。注意觀察你的空間，並留神是否有接收到任何訊息。

六、完成後，告訴靈體可以離開頭骨了，並感謝靈體花時間與你交流，表達你對他們的愛。將食物與紅酒留在祭壇上，食物開始酸敗後就可以倒掉了。

實作6 蛻去舊皮咒

這個咒術要呼喚蛇的力量，協助我們象徵性地蛻皮。對於一些巫術派別和女神信仰來說，蛇是備受尊崇的動物。這個儀式能在轉變之期進行，例如年尾、生日、換季或是在生命特殊階段所舉行的過渡儀式。

你會需要：

蛇的象徵物　　　　　　　　一顆枕頭（選擇性）

（蛇蛻、雕像、照片等等）　　一小張紙

四支白色蠟燭（象徵新開始）　一支筆

一把刀　　　　　　　　　　　鏟子

三支綠色蠟燭（象徵療癒）

三支黑色蠟燭（象徵釋放）

額外建議：

- **最佳時機**：殘月於星期一、星期三或星期六；當天的
  土星時間；月亮落在天蠍座、水瓶座或雙魚座。

- **衣著**：白色、綠色或黑色。

- **薰香**：賽巴巴香。

- **神靈**：莉莉絲。

- **音樂**：預錄好自己口述的冥想指引，進行儀式時可以
  播放。

- **肯定句**：「我蛻去不再對我有益的一切。」

執行咒術：

一、將蛇的象徵物和一支白色蠟燭放在祭壇上。用刀在蠟燭上刻下銜尾蛇的圖案。將剩下的蠟燭輪流交叉（不同的顏色交替），在你周圍排好圍成一個圈，留一個你可以安心舒適躺下的範圍。

二、拿著蛇的象徵物，點燃祭壇上的白色蠟燭，口唸咒語：

> 我召喚古老的神聖之蛇，
>
> 象徵生命、死亡、重生的蛇，
>
> 請療癒我，讓我放下過去，重獲新生。
>
> 願我蛻去陳舊的外皮，具足智慧並舒服接受。
>
> 我已不是過去的自己，而我也會持續變換形象，
>
> 包括生理形象、心理形象、靈性形象。
>
> 願你纏繞我，
>
> 教我你的奧祕，向我展現你的玄妙。
>
> 用你的能量充滿我的靈魂，
>
> 喚醒我內在的蛻變與轉變。

三、躺在蠟燭圍成的圓圈內，頭躺在枕頭上，閉上雙眼。緩慢呼吸，進入平靜中。觀想一條大蛇從房間的陰影中爬行到你的腳邊，牠的舌頭輕輕觸碰到你，在腳踝上爬繞，你感覺到涼意遍布全身。牠抬起頭靠在你的胸口。此時，你們的呼吸互相同步。

四、思考你的過去，以及你想要的未來。觀想蛇跟你的身軀合而為一，觀想白綠色的光包裹你的身體，之後這道光慢慢從身上分離出來。

五、在紙上寫下你所有想釋放的人事物，將紙對折三折，用祭壇上的蠟燭滴幾滴蠟液封住信紙。感謝這條大蛇跟你分享牠的智慧，並協助你蛻去你的「皮」。

六、拿鏟子到戶外挖一個洞，把信紙埋進去，掩埋你的過往，拋開過去迎接新生。

殘月

實作7 斷開能量吸血鬼

準備喚醒內在的吸血鬼獵人吧！能量吸血鬼會竊取他人能量，這些人通常非常自戀、自我中心、愛講八卦、極具控制欲和心懷嫉妒。為了要收穫豐盛和持續顯化你的心願，你的周圍都必須是能讓你越來越好的人，而非拖累你的人。這個簡單的咒術會幫助你斷開生活中的吸血鬼，並保護你不再受他們影響。

你會需要：

一件珠寶

接骨木花精油

一碗黑鹽

一束鼠尾草杖

額外建議：

- **最佳時機：**殘月於星期六；當天的土星時間；月亮落在天蠍座或摩羯座。

- **衣著**：黑色。

- **薰香**：鼠尾草。

- **神靈**：黑卡蒂或莉莉絲。

- **肯定句**：「我斷開所有吸取我能量的吸血鬼。」

執行咒術：

一、選擇一件尚未被淨化過，或是被聖化過的珠寶。用接骨木花精油塗抹珠寶，並放入裝有黑鹽的碗中。

二、點燃鼠尾草杖後燻過全身，清除任何沾黏在氣場中的負面能量。口唸咒語：

> **我淨化並清理自己，**
>
> **掃除所有竊取我能量的吸血鬼。**

三、在碗的上方重複步驟二。將碗留在窗台一整晚，接收殘月的月光。戴上珠寶繼續過生活，深信自己不再吸引任何能量吸血鬼。

殘月

實作8 超越自我咒

我們的自我有其功用，可以培養我們在生活中的自信，但是當自我過度膨脹，就會變成大肆破壞的嫉妒心、控制欲以及其他無所助益的性格。但是，與其壓抑自我，不如超越自我。孔雀為人所知的象徵乃是高貴、尊嚴、自尊，因此我們會利用孔雀的象徵意義來進行這項咒術。

你會需要：

一根人道取得的孔雀羽毛　　　一把刀

一只小花瓶　　　　　　　　　一支黑色蠟燭和燭台

額外建議：

・**最佳時機**：殘月於星期五；當天的金星時間；月亮落在天秤座。

・**衣著**：黑色。

- **薰香**：柯巴脂。

- **肯定句**：「我超越自我。」

執行咒術：

一、將羽毛插在花瓶中，並將花瓶置於祭壇上，接著將
　　燭台放在花瓶前方。

二、用刀削掉底部的蠟，露出底部的燭芯。在蠟燭上刻
　　下你的名字，並用你的唾液塗抹刻痕連結能量，並
　　在另一面刻下「自我」。

三、點燃底部的燭芯，凝視著燭火，並從火焰中看向孔
　　雀羽毛上的眼睛，口唸咒語：

> 尊貴的全知之眼啊，
>
> 我超越內在的自我。
>
> 協助我超越無益的自我，
>
> 抵達心靈精神幸福之所。

四、燭火燃燒的過程，思維著你的自我成為了最好的
　　你。將羽毛留在祭壇上，需要時都可以回到祭壇前
　　靜心冥想。

殘月

實作9 女巫繩梯保護咒

女巫繩梯（witch's ladder）是一種繩結魔法，在各種民間魔法儀式裡廣泛可見。繩結魔法可以用於多種目的，例如財富、愛情等等。然而，我們會製作保護用途的繩結，利用殘月的力量來釋放空間中的任何負面能量，並保護我們免於一切負面干擾。

你會需要：

三條等長的黑線（長度你自己決定，建議至少要三十公分長）

九項魔法物品，可從以下表格中選擇搭配

物品	意義
骨頭	女巫繩梯魔法的常見物品，最簡單的取得方法便是從飲食中將骨頭挑出來，洗乾淨使用，例如雞骨頭。
護符	任何樣式的護符或墜飾都可以，例如五芒星、月亮、寶劍、匕首或蛇。
水晶	白水晶、煙晶或黑曜石都能帶來保護功效，而粉晶會帶來愛的能量。
羽毛	羽毛也是女巫繩梯的常見物品。你可以嘗試各種顏色的羽毛，以及不同鳥類的羽毛。孔雀羽毛的效果非常好，而且孔雀羽毛也代表保護的全知之眼。
花卉	乾燥花，像是玫瑰或帶刺的玫瑰莖都具有很強的保護功用。
貝殼	貝殼非常適合水象星座的人，或是住在水域附近的人，用來呼喚水元素的精靈來保護空間。
木頭	不同樹木的樹枝都能帶來很好的效果，而接骨木或橡樹特別適合用在保護型的咒術。

殘月

額外建議：

- **最佳時機**：殘月於星期六；當天的土星時間；月亮落在天蠍座或摩羯座。
- **衣著**：黑色。
- **薰香**：鼠尾草或乳香。
- **神靈**：任何一位。
- **肯定句**：「我的空間受到保護，負面能量遠離我。」

執行咒術：

一、蒐集九項物品，可以是各種物品，無論是表格中的推薦物品還是其他你喜歡的都可以。

二、決定好每一樣物品的位置。

三、先將三條繩子的前端打結綁緊，用來固定第一個物品。並唸：

第一結，咒語生效。

四、將三條繩索編織起來，並固定接下來每一個物品，
　　每固定一個物品就打一個結。

五、依序固定每一個物品並打一個結時，口唸咒語：

> 第二結，咒語成真。
>
> 第三結，保護我。
>
> 第四結，牢牢保護我家。
>
> 第五結，魔法成真。
>
> 第六結，敵人被隔絕。
>
> 第七結，巫術編織而成。
>
> 第八結，安全由我打造。
>
> 第九結，女巫繩梯是我製造。

六、將女巫繩梯放在可以沐浴在殘月月光的地方。隔
　　天，將女巫繩梯掛在家門後方或是窗戶上，阻隔一
　　切邪惡。

月亮即將重生⋯⋯

　　我們在這段月亮的旅程中來到尾聲。我希望你們一路閱讀下來，豐盛的月亮魔力有讓你們樂在其中，並且讓這本書作為奠基石，使你們繼續探索月亮魔法的奧祕。當你在月亮魔法的道路上繼續探索，我鼓勵你繼續研究、學習更多，並拓展對於月亮與魔法的理解。讓月亮成為你人生中的明燈。成為追尋者，並持續發展你的心智、拓展身體、開發靈性。

　　一定要記得顯化豐盛只是個過程而已，如同月亮有陰晴圓缺的歷程。如果咒術和儀式沒有如你所希望那麼有效果，也別氣餒，只要重新聚焦心念，並耐心等待魔法發酵。因為宇宙的時間跟我們對於時間的認知不同，宇宙有自己的時間法則。繼續請求宇宙實現願望，繼續信任你編織的魔法能量。如此，你最終會收穫你渴望的豐盛。倘若你花時間懷疑咒語無效，「無效」的能量真的會被你投射出去，抵銷你原本的咒語能量。因此，拋開那些念頭，信任每件事情會順其自然發生。

我建議你盡可能按照本書介紹的月亮魔法來實作，至少實踐三個月，最終就會收穫月亮帶給你的豐盛。你花越多時間練習，內在的魔力就會開發得更強。如果你本身就有在進行巫術儀式，那我希望你可以從新的角度與月亮合作。若是你從未實踐過任何魔法巫術，把本書中的咒術當成你的基本功，最後你會發展出你自己的一套咒語儀式。最棒的咒術是你懷抱滿腔熱情而創造出來的咒術。隨著時間過去，你會發現認真享受生命、認真過生活，就是你能夠施展的最佳咒語，也是創造豐盛的催化劑。

　　旅程的最後，我很榮幸有這個機會能夠當你的嚮導，帶領你經歷這趟前往月球的旅程。願一切安好！

推薦閱讀

《推開巫術世界的大門》（*The Door to Witchcraft*）

——通雅・布朗（Tonya A. Brown）

這本書是很好的入門書，適合對當代巫術有興趣的所有人。

《日常生活的月亮魔法》（*Everyday Moon Magic*）

——朵樂絲・莫里森（Dorothy Morrison）

很棒的指南，可以更加了解與月相有關的魔法與咒術。

《魅惑巫師》（*The GLAM Witch*）

——麥可・賀克（Michael Herkes）

這是我的第一本著作，描述我以莉莉絲女神的神聖陰性魔力為根
基，實踐巫術的旅程。此書也是我的靈性生存指南，指引你如何賦
予自己力量，為你鋪出一條獨特的巫術派別之路。

《月亮魔法：神話與魔法、咒術與配方、儀式與咒語》

（*Moon Magick: Myth & Magick, Crafts & Recipes, Rituals & Spells*）

——康威（D. J. Conway）

此書內容非常精湛，詳細闡述關於月亮的一切，以及關於月相的各種神話和民俗。

《女巫：一趟魔法旅程》（*Witch: A Magickal Journey*）

——費歐娜・荷恩（Fiona Horne）

這是當初促使我踏進巫術世界的書，二十年過去了，這本書歷經時間長河，依舊是能啟迪每個人的當代巫術指南。

《巫術道途雜誌》（*Witch Way Magazine*）

這是本數位雜誌，內容囊括巫術、占卜、異教和魔法生活等多元主題。

參考資料

雷蒙・巴克蘭（Buckland, R.），《巴克蘭的巫術全書》（*Buckland's Complete Book of Witchcraft*），聖保羅，明尼蘇達：鹿林月亮出版社（Llewellyn），一九八六。

史考特・康寧罕（Cunningham, S.），《魔藥學：魔法、藥草與巫術的神奇祕密》（*Cunningham's Encyclopedia of Magical Herbs*），聖保羅，明尼蘇達：鹿林月亮出版社，二〇〇二。

齊奇・鄧布羅斯基（Dombrowski, K.），《八聖日：巫術年輪的慶典、神話與占卜》（*Eight Extraordinary Days: Celebrations, Mythology, and Divination for the Witches' Wheel of the Year*），羅徹斯特，紐約：菲比出版社（Phoebe Publishing），二〇一七。

〈陰曆〉（*Lunar Calender*），《大英百科全書》（*Encyclopaedia Britannica*），網址：<https://www.britannica.com/science/lunar-calendar.>（二〇一九年十二月十七日檢索）

安柏・葛蘭特（Grant, E.），《水晶咒語書：石頭、水晶、礦物與沙粒的魔法用途》（*The Book of Crystal Spells: Magical Uses for Stones, Crystals, Minerals...and Even Sand*），伍德伯里，明尼蘇達：鹿林月亮出版社，二〇一三。

麥可・賀克，〈聖蛇魔法〉（Serpent Magic），《巫術道途雜誌》，二〇一八年三月。

麥可‧賀克，《魅惑巫師：偉大的莉莉絲女神的魔法宣言》（*The GLAM Witch: A Magical Manifesto of Empowerment with the Great Lilithian Arcane Mysteries*），達拉斯，德州：巫術道途出版，二〇一九。

費歐娜‧荷恩（Horne, F.），《女巫：一趟魔法旅程》（*Witch: A Magickal Journey—A Hip Guide to Modern Witchcraft*），倫敦：托森斯（Thorsons），二〇〇〇。

朵樂絲‧莫里森（Dorothy Morrison），《日常生活的月亮魔法》（*Everyday Moon Magic*），伍德伯里，明尼蘇達：鹿林月亮出版社，二〇〇三。

洛里‧瑞德（Reid, L.），《月亮魔法：利用月相能量改善關係、家庭與事業》（*Moon Magic: How to Use the Moon's Phases to Inspire and Influence Your Relationships, Home Life and Business*），紐約：三河出版社（Three Rivers Press），一九九八。

燦爛輝煌機構（Resplendence.org.），〈辛之起源與天國皇后〉（*The Origin of Sin and the Queen of Heaven*），網址：<https://www.dhushara.com/book/orsin/origsin.htm.>（二〇一九年十二月十七日檢索）

斯塔霍克（Starhawk），《螺旋之舞：偉大女神的古代宗教之重生。二十週年版》（*The Spiral Dance: A Rebirth of the Ancient Religion of the Goddess: 20th Anniversary Edition*），紐約：哈伯萬出版社（Harper One），一九九九。

史黛西‧沃弗（Wolf, S.），《開發通靈力：挖掘你的隱藏天賦》（*Get Psychic!: Discover Your Hidden Powers*），紐約：華納圖書（Warner Books），二〇〇一。

謝辭

感謝我在卡利斯托媒體出版社（Callisto Media）和洛克里奇出版社（Rockridge Press）的黃金團隊，尤其是我的編輯，莉雅·奧塔韋諾（Lia Ottaviano）完美地協助我完成此書。

感謝費歐娜·荷恩，你是我的正能量女祭司！你教導我許多。謝謝你不厭其煩透過電話給予我無數次的指導，給予我滿滿的支持，你也是我的魔法謬思女神。

感謝我在《巫術道途雜誌》的姐妹們，通雅·布朗（Tonya Brown）和齊奇·鄧布羅斯基（Kiki Dombrowski），感謝你們無條件給予我友情支持、無私奉獻與純真之情。謝謝你們在這趟美好的旅程上與我同行，感謝你們一路以來的幫助。

感謝塔尼亞·德雷澤克（Tania Drezek）、珍妮·樂弗（Jenni Love）、德蕾莎·紐頓（Theresa Newton）和艾琳·馮萊柏（Erin VanRiper），你們形同我在東岸的精靈女巫媽媽們，也是我的力量泉源，更是我所知最屬害的一群女巫。

感謝我的魔法兄弟，傑西·吉利斯派（Jesse Gillespie），感謝你最後給我的回饋和多年以來的友情。

感謝阿瑪拉・杜爾西斯（Amara Dulcis），沒有你，我晚上寫這本書的時候可能真的就昏睡了。謝謝你的綠精靈苦艾酒和火腿。

感謝我偉大的母親，琳恩・賀克（Lynne Herkes），你給了我最大的自由讓我成為真實的自己。

感謝我忠貞的伴侶，米羅斯拉夫・杜拉瓦（Miroslav Dulava），謝謝你愛著真實的我。感謝我的摯友，克莉絲蒂娜・哈利斯（Christina Harris）、雅思敏・拉莫斯（Yazmin Ramos）和凱・崔勒（Kay Traylor），謝謝你們不顧一切支持我，從未放棄過我。

感謝萊力・傑德（Riley Jade）和派頓・奧莉薇亞（Peyton Olivia），你們是我美麗的女神子民和月神子民：這個世界是你們可以盡情享受的舞台，在月光下創造魔法和跳舞吧！

國家圖書館出版品預行編目（CIP）資料

月相魔法全書：愛情、金錢、健康、成功，29天向月亮下訂單
／麥可・賀克（Michael Herkes）著；范章庭譯. -- 初版. --
臺北市：橡實文化出版：大雁出版基地發行，2022.07
　面；　公分
譯自：The complete book of moon spells : rituals, practices,
　　　and potions for abundance
ISBN 978-626-7085-28-8（平裝）

1.CST：巫術

295 　　　　　　　　　　　　　　　　　　　　111007137

BC1110

月相魔法全書：愛情、金錢、健康、成功，29天向月亮下訂單
The Complete Book of Moon Spells: Rituals, Practices, and Potions for Abundance

作　　者　麥可・賀克（Michael Herkes）
譯　　者　范章庭
責任編輯　田哲榮
協力編輯　朗慧
封面設計　斐類設計
內頁構成　歐陽碧智
校　　對　蔡昊恩

發 行 人　蘇拾平
總 編 輯　于芝峰
副總編輯　田哲榮
業務發行　王綬晨、邱紹溢
行銷企劃　陳詩婷
出　　版　橡實文化 ACORN Publishing
　　　　　地址：10544臺北市松山區復興北路333號11樓之4
　　　　　電話：02-2718-2001　傳眞：02-2719-1308
　　　　　網址：www.acornbooks.com.tw
　　　　　E-mail信箱：acorn@andbooks.com.tw
發　　行　大雁出版基地
　　　　　地址：10544臺北市松山區復興北路333號11樓之4
　　　　　電話：02-2718-2001　傳眞：02-2718-1258
　　　　　讀者傳眞服務：02-2718-1258
　　　　　讀者服務信箱：andbooks@andbooks.com.tw
　　　　　劃撥帳號：19983379　戶名：大雁文化事業股份有限公司

印　　刷　中原造像股份有限公司
初版一刷　2022年7月
定　　價　450元
I S B N　978-626-7085-28-8

歡迎光臨大雁出版基地官網
www.andbooks.com.tw
●訂閱電子報並填寫回函卡●